Bruder Lorenz

All meine Gedanken sind bei dir

Klassiker der christlichen Spiritualität
Band 1

Bruder Lorenz

All meine Gedanken sind bei dir

In Gottes Gegenwart leben

Herausgegeben von Reinhard Deichgräber

NEUFELD VERLAG

n[ⓥ]
NEUFELD VERLAG

© 2007 *Neufeld Verlag* Neudorf bei Luhe

Umschlaggestaltung: spoon design, Olaf Johannson
Umschlagbilder: www.pixelio.de/ShutterStock
Satz: Neufeld Verlag
Herstellung: CPI books GmbH, Leck

5. Auflage 2026

ISBN 978-3-937896-56-4, Bestell-Nummer 588 656

Dieses Buch als E-Book: ISBN 978-3-86256-717-1

Die Deutsche Bibliothek verzeichnet diese Publikation in der
Deutschen Nationalbibliografie; detaillierte bibliografische
Daten sind im Internet über www.dnb.de abrufbar

Nachdruck und Vervielfältigung, auch auszugsweise,
nur mit Genehmigung des Verlags

Alle Rechte vorbehalten, insbesondere die Nutzung des Werkes
für *Text und Data Mining* gemäß § 44b Abs. 1 und 2 UrhG

Bei Fragen zur *Produktsicherheit* wenden Sie sich bitte an den
Hersteller: Neufeld Verlag, Schlagäcker 18, D-92706 Luhe-Wildenau,
Deutschland, Telefon 0 96 07/9 22 72 00, E-Mail info@neufeld-verlag.de

neufeld-verlag.de

Bleiben Sie auf dem Laufenden:
YouTube | Instagram | Facebook | **neufeldverlag**
newsletter.neufeld-verlag.de
www.neufeld-verlag.de/**blog**

Inhalt

Zitate von Bruder Lorenz
aus diesem Buch

Der Glaube ist der Atem der Kirche.

* * *

Ich habe bei allen meinen Arbeiten nur dies Ziel verfolgt, alles aus Liebe zu Gott zu tun.

* * *

Bei mir gibt es keinen Unterschied zwischen der Zeit des Gebets und der übrigen Zeit.

* * *

Zerstreuende Gedanken verderben alles.

* * *

Unser ganzes Werk ist nur, dass wir Gott lieben und uns an ihm erfreuen.

* * *

Durch unser Vertrauen zu Gott wird er geehrt.

* * *

Mit der Gnade wird alles leicht.

* * *

Um zu Gott zu kommen, braucht man weder Klugheit noch Wissenschaft, sondern nur ein Herz, das entschlossen ist, sich um nichts zu kümmern als um ihn und nichts zu lieben außer ihm.

* * *

Mein Gebet besteht nun in nichts anderem als im Verweilen in Gottes Gegenwart.

* * *

Gott sieht nicht die Größe des Werks an, sondern die Liebe, aus der es kommt.

* * *

Wer im Leben des Geistes nicht vorwärts geht, der geht zurück.

* * *

Diejenigen, die vom Wind des Heiligen Geistes getrieben werden, segeln selbst im Schlaf noch weiter.

* * *

Spät üben ist besser als gar nicht.

* * *

Man muss Gott in heiliger Freiheit dienen.

* * *

Ich habe keinen anderen Willen als den Willen Gottes.

* * *

Ich stelle mich vor Gott und bitte ihn, er möge in meinem Inneren sein vollkommenes Bildnis formen und mich ihm ganz gleich machen.

* * *

Man wird nicht im Schnellverfahren heilig.

* * *

Je mehr wir Gott kennen, desto größer wird unser Verlangen, ihn zu kennen.

* * *

Das muss nämlich in allem unser Ziel sein, in diesem Leben so vollkommene Anbeter Gottes zu werden, wie wir dies in alle Ewigkeit zu sein hoffen.

* * *

Die heiligste, gewöhnlichste und nötigste Übung im geistlichen Leben ist die Wahrnehmung der Gegenwart Gottes.

* * *

Ungestüm und Eile sind Zeichen eines zerstreuten Gemüts.

* * *

Wir müssen unsere Arbeit mit Gott verrichten, zärtlich, ruhig und liebevoll.

* * *

Gott – so sagt er – hat uns unendliche Schätze zu geben, und wir begnügen uns mit einer kleinen, gefühlvollen Andacht, die in einem Augenblick vorübergeht.

Selbst der kleinste Gedanke an Gott wird ihn erfreuen. Er ist uns näher, als wir meinen.

* * *

Betrachten Sie sich im Gebet wie ein armer Stummer und Gichtbrüchiger vor der Tür eines Reichen.

* * *

Erst muss man kennen, dann kann man lieben.

* * *

Zu einem so guten und getreuen Freund, der uns weder in dieser noch in jener Welt verlassen wird, können wir nie zuviel Vertrauen haben.

* * *

Er entfernt sich niemals von uns, solange wir uns nicht zuerst von ihm entfernen.

* * *

Die feste Gewohnheit wird nur unter Schmerzen in uns zuwege gebracht.

* * *

Vorwort

Die vorliegende Neuausgabe der überlieferten Schriften des lothringischen Karmeliterbruders »Lorenz von der Auferstehung« fußt auf der immer noch grundlegenden deutschen Ausgabe von Gerhard Tersteegen (1697–1769). Er hat in seinem Werk »Auserlesene Lebensbeschreibungen heiliger Seelen« auch dem Bruder Lorenz eine ausführliche Darstellung gewidmet (Band 2, 1735, zuletzt ungekürzt und unverändert neugedruckt 2004, dort Seite 258–334).

Die Überlieferung der Texte von bzw. über Bruder Lorenz umfasst drei verschiedene Textsorten:

- Aufzeichnungen von vier Gesprächen, die Bruder Lorenz mit Herrn von Beaufort, einem Priester und späterem Generalvikar des damaligen Bischofs von Châlons, geführt hat;

- sechzehn Briefe an verschiedene Adressaten;

- sieben kurze Texte des Bruders Lorenz, gewöhnlich als (Kleine) Schriften oder auch als »Geistliche Weisungen« bezeichnet.

Gerhard Tersteegen hat diese Texte an verschiedenen Stellen in seine Darstellung der Lebensgeschichte des Bruders Lorenz eingestreut. In unserer Neuausgabe bilden sie drei in sich geschlossene Blöcke.

Die ursprünglich in französischer Sprache geschriebenen Texte sind aus dem kunstvollen, aber heute für den ungeübten Leser schwer lesbaren Deutsch Gerhard Tersteegens in ein flüssiges, moderneres Deutsch übertragen worden. Bei der Bearbeitung wurde der Text am französischen Originaltext überprüft. Die jüngste Edition des Originaltextes stammt von dem belgischen Karmeliterpater Conrad de Meester. Sie ist 1991 unter dem Titel »*Laurent de la Résurrection. Écrits et entretiens sur la Pratique de la Présence de Dieu*« im Verlag *Les éditions du CERF,* Paris, erschienen.

So haben wir uns bemüht, den Text so zu gestalten, dass Bruder Lorenz mit seinem persönlichen Stil und der ihm eigenen Ausdrucksweise doch als Bruder Lorenz, als ein Mönch aus einer weit zurückliegenden Epoche, erkennbar bleibt. Darum haben wir manchmal einen fremd klingenden Ausdruck stehen gelassen, auch wenn er so vielleicht nicht ohne weiteres verständlich ist. In dem Abschnitt »Zur Sprache und Ausdrucksweise des Bruders Lorenz« (Seite 35 ff.) werden die wichtigsten Ausdrücke erläutert.

Dem besseren Verständnis sollen auch die anderen einführenden Kapitel dienen: eine knappe Darstellung der Lebensgeschichte des Bruders Lorenz; eine Einführung in seine spirituelle Praxis, die zur Übersetzung seines Anliegens in heutige Möglichkeiten und Formen geistlicher Übung helfen möchte; ein Abschnitt über mögliche »Risiken und Nebenwirkungen«, die sich bei unachtsamer Anwendung der von Bruder Lorenz gegebenen Anweisungen einstellen können; dazu einige Anmerkungen zu

Begriffen, die bei Bruder Lorenz eine wichtige Rolle spielen.

Möge die neue Ausgabe vielen Menschen den Weg zu einem Leben in immer neuer lebendiger Erfahrung der Gegenwart Gottes erschließen!

Hafkamp, in der Osterzeit 2007
Reinhard Deichgräber

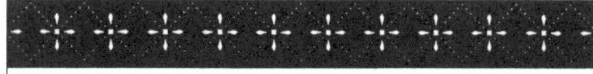

1

Ein unauffälliges Leben

W er war Bruder Lorenz? Wann und wo hat er gelebt? Was hat er gemacht? Was hat er erlebt? Wie ist er zu dem geworden, als der er in die Geschichte der christlichen Kirche eingegangen ist? Wir wissen nicht viel von ihm. Um die kärglichen Fakten seiner Lebensgeschichte aufzuzählen, genügt eigentlich eine halbe Buchseite. Bruder Lorenz hätte mit seinem Zeitgenossen Paul Gerhardt (1607–1676) bekennen können:

> An mir und meinem Leben
> ist nichts auf dieser Erd.
> Was Christus mir gegeben,
> das ist der Liebe wert.

Nein, er wollte nicht bekannt werden, und schon gar nicht berühmt. Was andere von ihm dachten, war ihm offenbar gleichgültig. Ihm war es nur recht, wenn er in seiner Klosterküche in aller Verborgenheit seinem Gott dienen konnte. Vergessen werden war ihm eine Freude.

Hier also die spärlichen Daten und Fakten. Wann er geboren ist, wissen wir nicht genau. Da er bei seinem Tod im Jahr 1691 etwa achtzig Jahre alt war, muss er irgendwann um 1610 geboren worden sein. Sein Geburtsort ist Hériménil, in der Nähe von Lunéville im damaligen Herzogtum Lothringen gelegen. Seine Eltern ließen ihn auf den Namen Nikolaus taufen. So hieß er mit bürgerlichem Namen Nicolas Herman. Von seinen Eltern wurde er gewissenhaft im Glauben der römisch-katholischen

Kirche erzogen, hat aber offenbar keine Schule besucht. So standen ihm auch nur einfache, ungelehrte Berufe offen. Schon früh wurde er Soldat, dann, nach einer in einem Gefecht erlittenen Verwundung, Diener des fürstlichen Schatzmeisters Fieubet. Im Alter von gut fünfundzwanzig Jahren, im Juni 1640, trat er in das Kloster der Karmeliten in Paris ein und blieb dort bis an sein Lebensende.

Der Entscheidung, Mönch zu werden und in ein Kloster einzutreten, war eine höchst ungewöhnliche »Bekehrung« vorausgegangen. Bruder Lorenz hat sein Erlebnis selber so beschrieben: »Anlässlich meiner Bekehrung hat Gott mir eine besondere Gnade erwiesen. Ich lebte damals noch in der Welt und war achtzehn Jahre alt. Eines Tages betrachtete ich im Winter einen Baum, der zu dieser Zeit alle seine Blätter verloren hatte. Ich stellte mir vor, wie die Blätter nach einiger Zeit wieder hervorkommen würden und bald darauf die Blüten und schließlich die Früchte. Dabei gewann ich eine tiefe Einsicht in die Fürsorge und Allmacht Gottes, eine Einsicht, die später nie mehr aus meiner Seele ausgelöscht wurde. Dieser Eindruck hat mich ganz von der Welt losgemacht und eine so starke Liebe zu Gott in mir erweckt, dass ich nicht sagen kann, ob diese Liebe sich bei mir in den vierzig Jahren, die verflossen sind, seit ich diese Gnade empfing, noch vermehrt hat« (vgl. Seite 40). Dass er gerade bei den Karmeliten um Aufnahme bat, mag auch darin seinen Grund haben, dass ein Onkel Mitglied dieses Ordens war.

Die Karmeliten? Unter den Orden der römisch-katholischen Kirche ist dieser Orden einer der strengsten. Die Mönche folgen konsequent einer kontemplativen Berufung, leben also ein Leben des Schweigens, des Gebets und der Meditation. Der Name »Karmeliten« erinnert an den biblischen Berg Karmel, den Berg, auf dem der Prophet

Elia mit den Baalspriestern um den Glauben an den einen wahren Gott, den Gott Israels, stritt (1. Könige 18). Der Prophet Elia steht aber auch für eine ganz besondere Gotteserfahrung, als ihm der lebendige Gott in einem »stillen, sanften Sausen« (Luther), in einem »verschwebenden Schweigen« (Buber) begegnete, und nicht in den spektakulären, zerstörerischen Erscheinungen von Sturmwind, Erdbeben und Feuer (1. Könige 19,9 ff.).

Im Kloster durchlief der junge Mann das zweijährige Noviziat. Nach dessen Beendigung wurde er von seinen Oberen zur Ablegung der »ewigen« (endgültig bindenden) Gelübde zugelassen. Dies überraschte den demütigen jungen Bruder sehr; seiner Selbsteinschätzung nach machte er alles verkehrt und taugte zu nichts. Als Mönch erhielt er den Namen »Bruder Lorenz von der Auferstehung«, und so kennen wir Nikolaus Herman heute eigentlich nur unter dem Namen »Bruder Lorenz«.

Seine Oberen machten ihn zum Küchenmeister und vertrauten ihm die Klosterküche an. Wie Bruder Lorenz selbst gelegentlich sagte, war dies wahrhaftig nicht sein Traumberuf; er hatte »von Natur aus eine ausgesprochene Abneigung« gegen die Küchenarbeit. Fünfzehn Jahre lang übte er das Amt des klösterlichen Küchenmeisters aus. Später durfte er als Schuster seinen Brüdern die Sandalen flicken.

Dem Bruder Lorenz waren solche Arbeiten gerade recht. Nie hätte er diese Dienste als zu niedrig oder gar als unter seiner Würde eingestuft. Im Gegenteil, er liebte die einfachsten Arbeiten, gaben sie ihm doch die Möglichkeit, seiner Berufung zu folgen, alles nur aus Liebe zu Gott zu tun und Gott in und mit diesen einfachen Verrichtungen zu dienen und anzubeten.

Wer das eigene Zeugnis des Bruders Lorenz über seine Erfahrungen liest, wird vor allem fasziniert sein von der unglaublichen Freude, die er bei seiner Arbeit erlebte. »In beständiger Freude« bringe er sein Leben zu, so hat er es selbst einmal gesagt (vgl. Seite 54). Und diese Freude war offenbar nicht aufgesetzt, nicht eingebildet oder aufgezwungen, sondern echt und glaubwürdig. So erlebten ihn jedenfalls seine Mitbrüder und bald auch die Besucher, die ratsuchend ins Kloster kamen und den stillen Bruder um Wegweisung für ihr Seelenheil baten. Auf diese Weise wurde Bruder Lorenz bekannt, obwohl er die Verborgenheit liebte.

So lebte Bruder Lorenz in ruhigem Gleichmaß seinen Glauben und seine Gottesliebe, unauffällig und ohne Stress, so wurde er alt und älter, bis er nach einer nur wenige Tage währenden Krankheitszeit am 12. Februar 1691 für immer die Augen schloss. Er starb, wie die Alten sagten, »selig«. Über seine letzten Tage und Stunden gibt Gerhard Tersteegen (Seite 323 f.) den folgenden Bericht, den wir hier im Wortlaut, ohne sprachliche Überarbeitung, wiedergeben:

Da nun der Bruder Lorenz bei seinem Leben seinen Gott so brünstig geliebt, so liebte er Ihn nicht weniger in seinem Tode. Er übte noch immer Taten der Liebe aus; und als er von einem Bruder gefragt wurde, ob er Gott aus ganzem Herzen liebe, da antwortete er: »Ach, wenn ich wüsste, dass mein Herz meinen Gott nicht liebte, so wollte ich es sogleich ausreißen.« Seine Krankheit wurde zusehends immer größer, so dass man ihm das Abendmahl reichte, welches er freudig, mit völliger Erkenntnis und gesundem Verstand (welchen er bis zum letzten Atemzug behalten), empfangen.

Ob man ihn schon Tag und Nacht keinen Augenblick allein gelassen, sondern ihm alle mögliche Hilfe geleistet, die er von der Liebe seiner Mitbrüder hoffen konnte, so hat man ihn doch, nachdem er das Heilige Abendmahl empfangen, ein wenig ruhen lassen, um die letzten, so schätzbaren Augenblicke des Lebens sich noch zunutze zu machen, und die hohe Gnade, so er von Gott empfangen, zu betrachten. Er hat diese Zeit sehr nützlich angewendet, und Gott um Beständigkeit bis ans Ende in seiner heiligen Liebe angerufen. Ein Geistlicher fragte ihn, was er mache, und womit sein Geist beschäftigt wäre? Dem gab er zur Antwort: »Ich tue jetzt, was ich in alle Ewigkeit tun werde; ich preise Gott, ich liebe Gott, ich bete Ihn an, und liebe Ihn von meinem ganzen Herzen. Dies ist unser ganzes Geschäft, meine Brüder, dass wir Gott anbeten, und Ihn lieben, ohne uns um das übrige zu bekümmern.«

Ein Geistlicher bat ihn, er möchte für ihn von Gott den wahren Geist des Gebets erbitten. Diesem gab er zur Antwort, er müsste seinen Fleiß mit beitragen, und seinerseits sich dahin bearbeiten, dass er dazu würdig gemacht würde. Dies waren die letzten Ausdrücke seines Herzens. Des andern Tages, am 12. Februar 1691, am Morgen um 9 Uhr, starb Bruder Lorenz von der Auferstehung, ohne Todeskampf, ohne jede Verstellung oder Zucken der Glieder, bei gutem Verstande, unter den Umarmungen des Heilandes, und übergab seinem Gott seine Seele in solchem Frieden und Stille, als einer, der einschläft. Denn sein Tod ist nichts anderes gewesen als ein süßes Einschlummern, welches ihn aus diesem elenden Leben, worin er ungefähr achtzig Jahre alt geworden, in die ewige Freude versetzte. Dort ist nun sein Glaube in ein klares Schauen, seine Hoffnung in eine völlige Besit-

zung verwandelt, und seine hier angefangene Liebe mit einer ewigen, vollkommenen Liebe gekrönt worden.

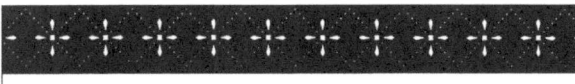

2

Zu diesem Buch

Kleine Lese- und Praxishilfen

M it den einfachen Anweisungen des Bruders Lorenz kann es einem merkwürdig ergehen: Auf den ersten Blick faszinieren und verlocken sie. Das Leben so wie dieser Klosterbruder »in beständiger Freude zubringen« – das ist es! Aber mancher macht nach anfänglicher Begeisterung später ganz andere Erfahrungen. Man spürt das Fremde, das Zeitbedingte an dem, was der Bruder uns rät. Wir erleben eine gewisse Ernüchterung, vielleicht sogar einen gewissen Überdruss, zumal wenn wir merken, dass Bruder Lorenz sich wiederholt, dass er nach einiger Zeit nichts Neues mehr zu sagen hat, sondern immer nur auf dasselbe Thema zu sprechen kommt. Und wie soll man das, was Bruder Lorenz sagt, umsetzen? Wie kann ich es in meine Lebenswelt übersetzen?

Die Botschaft des Heiligen in der Klosterküche lässt sich in einem Satz zusammenfassen: Was immer mir zu tun aufgetragen wird, tue ich aus Liebe zu Gott, indem ich mich bei all meinem Tun mit ihm unterhalte. Dabei schätzte Bruder Lorenz nicht zufällig gerade die einfachsten Verrichtungen, also Arbeiten, die rasch zur Routine werden und dem, der sich nach Abwechslung und Kreativität sehnt, eher öde und langweilig vorkommen.

Wie aber soll ich mich bei meiner Arbeit mit Gott unterhalten, wenn ich an einem Computer sitze? Wenn ich als Lehrerin vor einer Schulklasse stehe? Wenn ich als Arzt einen Patienten untersuche? Wenn ich als Busfahrer mein Fahrzeug durch den Großstadtverkehr steuere? Ich muss mich doch konzentrieren! Und was haben meine Berufsgeschäfte mit meinem Glauben zu tun? Ja, wenn ich in der Gemeinschaft der Gläubigen singe und bete, dann kann ich an Gott denken und mit ihm liebevolle Gespräche führen. Wenn ich in der Arbeitspause vor einem Berufskollegen Zeugnis von Jesus gebe, da lebe ich meinen Glauben. Aber beim Einschalten der Mikrowelle oder beim Ausräumen der Geschirrspülmaschine?

Ich selbst hatte es an dieser Stelle besonders schwer. Mein Beruf als theologischer Lehrer verlangte immer ein Höchstmaß an Aufmerksamkeit und ungeteilter Konzentration: im Unterricht mit meinen Studenten, im Seelsorgegespräch, beim Lesen der Fachliteratur, in einer Konferenz mit meinen Kollegen. Und wenn ich es doch einmal versuchte, so wie Bruder Lorenz bei meiner Arbeit an Gott zu denken, dann machten mir meine quirligen Gedanken bald einen Strich durch die Rechnung, denn die bewegten sich nicht in geordneten Bahnen und waren nur in den seltensten Fällen von frommer Art und frommem Inhalt.

Ich wäre wohl trotz allen guten Willens frühzeitig an Bruder Lorenz gescheitert, hätte ich nicht eines Tages eher zufällig und ohne Absicht eine beglückende Entdeckung gemacht, eine Entdeckung, die übrigens zunächst gar nichts mit Bruder Lorenz zu tun hatte. Was hatte sich mir da entdeckt?

Ich war verliebt, und es ging mir so wie jedem, wenn der Liebesfunke gezündet hat. Und dann hatten wir zu zweit eine kleine Reise gemacht, einen traumhaft schönen Ausflug in eine wunderschöne Landschaft, und waren miteinander glücklich gewesen. Mit meinem Fotoapparat hatte ich die schönsten Bilder unserer Fahrt festgehalten, und es war klar, was ich bei nächster Gelegenheit als Geschenk präsentieren würde: ein von mir selbst liebevoll gestaltetes Reisetagebuch! Da saß ich nun viele Abende lang an der Arbeit, beseelt von der Liebe und beseelt von dem Wunsch, etwas einzigartig Schönes zu basteln. Und siehe da – die Konzentration auf das Werk und das Spüren meiner fröhlichen Liebe waren ein einziger Vorgang! Da stand nicht eines dem anderen im Weg, sondern beides war untrennbar miteinander verschmolzen, zweierlei und doch einerlei, unvermischt und ungeteilt!

Ich weiß nicht mehr genau, wann und wie es geschah, aber irgendwann wurde mir diese Erfahrung plötzlich zum Gleichnis: Das Himmelreich, die Sache mit Gott, ist gleich einem Verliebten, der seiner Geliebten ein kostbares Geschenk machen wollte. Mit ganzer Aufmerksamkeit arbeitete er an der Gabe, und gleichzeitig spürte er in seinem Herzen mit ungeteilter Aufmerksamkeit das Glück der liebevollen Nähe des geliebten Menschen.

Später fiel mir noch mehr ein. Ich dachte daran, dass Martin Luther gelegentlich davon gesprochen hat, wie gut wir Deutschen es haben, weil in unserer Muttersprache die Worte »Gott« und »gut« aus einem Wortstamm kommen und entsprechend gut zusammenklingen und zusammenstimmen. Gott und Güte, Gott und Qualität, das kann und darf man nicht mehr auseinanderreißen, seit der Schöpfer selbst sein »Und siehe, es war alles sehr gut« (1. Mose 1,31) über sein Werk gesprochen hat. Darum ist die Liebe zu meinem Gott und mein Verlangen nach Qualität, nach der Güte meines Tuns, nicht zweierlei, sondern eins.

Es ist gut, wenn wir hier für einen Augenblick innehalten. Was ist Qualität? Wir führen das Wort so selbstverständlich ein, wir gebrauchen es dauernd in der Wirtschafts- und Warenwelt und sollten doch auch einmal fragen, wovon wir eigentlich sprechen, wenn wir Qualität einfordern. Das scheinbar so klare Wort ist nämlich eigentlich eher ein schwieriger Begriff. Sobald wir ernstlich versuchen, »Qualität« zu definieren, stoßen wir auf unüberwindliche Schwierigkeiten. Das Wort »gut« entzieht sich jedem Versuch einer Begriffsbestimmung, es entwindet sich uns, je mehr wir uns bemühen, einen klaren, praktikablen Begriff von Qualität zu gewinnen. Es scheint so, als handele es sich um ein Wort, das allem Definieren zugrunde liegt, selbst aber keiner Definition unterworfen ist. Von dem, was in Wahrheit gut ist, haben wir immer nur eine Ahnung, jedoch kein eindeutiges, sicheres und gesichertes Wissen. Ich habe Bilder von dem, was gut genannt zu werden verdient, aber diese Bilder haben keine allgemein verbindlichen Konturen, sie liefern keine präzisen Kriterien. Und doch können wir Wort und Sache nicht entbehren. Die Sehnsucht nach Qualität, nach Güte, lebt in jedem Menschen. Sie macht nirgends Halt, sondern betrifft alles, was wir tun und was uns widerfährt.

Doch noch einmal: Was meinen wir, wenn wir Qualität verlangen? Uns verlangt danach, dass das Produkt, das wir kaufen oder das wir selber fertigen, guttut. Es soll vertrauenswürdig und verlässlich sein, es soll gefallen, es soll froh machen und zufrieden. Es soll seinen Zweck erfüllen, soll lange halten und nicht so schnell kaputt gehen. Damit es dieser Ursehnsucht gerecht wird, müsste es ein Mittleres sein zwischen Pfusch auf der einen und perfektionistischem Vollkommenheitswahn auf der anderen Seite.

Zurück zum Bruder Lorenz: Ich denke, so müssen wir uns seine Küchenarbeit vorstellen. So müsste auch unsere eigene Arbeit aussehen: tätig werden wie ein Verliebter, der dem geliebten Menschen Freude bereiten will. Und dabei wird die Arbeit gut und sie wird Freude bereiten, und zwar beiden, dem, der sie tut, und dem, der das fertige Produkt genießt.

Nach diesen allgemeinen Erklärungen ist es höchste Zeit, dass wir zur Praxis kommen. Dazu einige kleine Hinweise. Es wird hilfreich sein, wenn ich mit einer bestimmten Tätigkeit beginne. Ich kann nicht gut an mehreren Stellen gleichzeitig üben. Wenn jemand keine eigene spontane Idee hat, wo er oder sie beginnen kann, mag die folgende Anregung willkommen sein: Ich beginne mit dem Tischdecken, Tischdecken für das Frühstück am Morgen, für das Mittagessen, für den Nachmittagskaffee und für das Abendessen. Tischdecken für die alltäglichen Mahlzeiten oder auch einmal für ein besonderes Festmahl mit Gästen. Am Anfang sammele ich mich für einen Augenblick auf mein Tun. Ich vergegenwärtige mir kurz, dass Gott da ist. Und ich frage mich, ob ich da bin. Letzteres scheint eine pure Selbstverständlichkeit zu sein, ist es aber keineswegs. Wie oft erlebe ich mich als nicht richtig präsent!

Und wie bin ich da? Für einen Augenblick spüre ich meine jetzige Verfassung: tatendurstig oder angespannt oder müde oder gestresst oder in Eile oder von irgendeiner Sorge angefressen. Ich begnüge mich mit der einfachen Feststellung des Ist-Zustandes. Ich werte also nicht; ich will nichts verändern und widerstehe der Versuchung, das, was jetzt ist, zu überspielen, »so zu tun, als ob«. Nur eines möchte ich sein: wach, aufmerksam, achtsam, lebendig-präsent im Hier und Jetzt. Wenn ich meine Arbeit, das Tischdecken, gut mache, wird es mir gut tun, und ich werde denen, für die ich den Tisch decke, Freude bereiten. So gehe ich ans Werk, lasse mir Zeit, gebe dem Wunsch, dass der Tisch einladend aussehen möchte, Raum. Ich tue die einzelnen Handgriffe fühlsam. Mit dem Geschirr und dem Besteck gehe ich achtsam und liebevoll um; ich freue mich an seiner schönen Gestalt, an seinen Formen, und ich spüre, wie schön es ist, wenn ich denen, die sich hier nachher zum Essen niederlassen werden, Freude mache.

Und wenn ich alleinstehend bin, so dass ich den Tisch in der Regel nur für mich selbst herrichte? Vielleicht ist das Tischdecken ja gerade dann eine heilsame, segensreiche Übung! Wieviele Singles nehmen ihre Mahlzeiten hastig ein, vielleicht so, dass sie sich nicht einmal in Ruhe setzen! Und wie groß ist die Versuchung, sich selbst zu vernachlässigen, wenn man nur für sich selbst kocht! Aber gerade dann ist es wichtig, dass ich die Botschaft höre: Du bist es wert, dass dir der Tisch liebevoll und einladend gedeckt wird! Du bist es wert, dass du dir deine Mahlzeit liebevoll zubereitest! Und – man verzeihe mir die scheinbare Naivität – wenn ich nach altem Brauch mit einem Tischgebet den Herrn Jesus selbst zu Gast an meinen Tisch bitte, damit er mir die Gaben segnet, sollte dann nicht für diesen Gast das Schönste und Beste gerade gut genug sein? Liebe sagt immer wieder: »Du sollst es gut bei mir haben!«, das ist nun einmal der Liebe Art.

Anfangs wird mir das so feierlich zelebrierte Tischdecken vielleicht unnötig umständlich vorkommen. Aber lassen wir uns Zeit; nach einiger Übung werden wir die Erfahrung machen, dass liebevoll arbeiten und flink zu Werke gehen sich keineswegs ausschließen. Irgendwann können wir unser Übungsfeld ausweiten, vielleicht auf das Blumengießen oder auf das Leerräumen der Geschirrspülmaschine oder auf eine einfache Büroarbeit oder das Kehren der Treppe oder die Reinigung der Windschutzscheibe meines Autos.

Und wenn mir trotz aller Bemühung um Konzentration bei der Arbeit die Gedanken immer wieder davonlaufen? Bruder Lorenz spricht davon, dass »unnütze Gedanken« alles verderben können, und rät, sie zu »verwerfen« (vgl. Seite 47). An dieser Stelle möchte ich dem verehrten Bruder allerdings ins Wort fallen und sagen: Lieber Bruder, ich glaube dir gerne, dass du auf diese Weise auf deinem spirituellen Weg gut vorangekommen bist. Ich stimme dir auch darin zu, dass es jammerschade ist, wenn meine Gedanken sich dauernd selbständig machen und sich beispielsweise mit der nachher zu erledigenden Steuererklärung beschäftigen, anstatt dass ich mich im gegenwärtigen Augenblick der Gegenwart meines Gottes erfreue und die Liebe, die mich mit ihm verbindet, fröhlich genieße. Aber ich fürchte, dass das Verwerfen solcher und anderer Gedanken für viele Menschen sehr leicht kontraproduktiv werden kann. Verwechselst du, lieber Bruder, nicht das so erwünschte Los*lassen* der zerstreuenden Gedanken mit einem willentlichen Wegwerfen? Die meisten Gedanken, die ich gewaltsam weggeworfen habe, weil sie mich in meinem Gebet oder in meiner Andacht störten, haben sich als Bumerang erwiesen: sie kamen irgendwann zurück! Und was wir vergessen wollen, setzt sich meistens besonders hartnäckig in unserem Gedächtnis fest.

Besser scheint es mir, die Gedanken Gedanken sein zu lassen. Wenn ich sie auf Abwegen entdecke, hole ich sie sanft zu meiner gegenwärtigen Arbeit zurück – wie es übrigens Bruder Lorenz an anderer Stelle auch empfiehlt. Und das tue ich, wenn es sein muss, viele Male und lasse mich davon nicht beunruhigen.

Und noch etwas wird in der Praxis wichtig sein: dass ich die unsichtbare Grenze zwischen lieblosem Pfusch und unbarmherziger Perfektion sorgsam erspüre und beachte. Auch beim liebevollen Tun der kleinen Dinge gibt es zwei Seiten, auf denen man vom Pferd fallen kann: es gibt ein Zuwenig an liebevoller Sorgfalt, doch auch ein Zuviel. Beide Fehlhaltungen aber schaden doppelt: sie schaden dem gedeckten Tisch und sie schaden mir selbst, denn mit Pfuscharbeit tue ich mir nichts Gutes, ja, ich vernachlässige, ich verpfusche mich selbst; mit jeder Grenzüberschreitung zur Perfektion aber tue ich mir selbst Zwang an und verliere so an Lebendigkeit und Freiheit. Bleibe ich jedoch in dem weiten Spielraum zwischen liebloser Pfuscherei und steriler Perfektion, dann bleibe ich im Raum der Liebe und der Freude, die mir und anderen gut tun.

Noch ein Letztes: Ich kann eine solche Übung mit einem einfachen Gebet oder einem Liedvers beginnen und sie am Ende mit einem Dankgebet beschließen. Die Liebe und die Freude werden mir sagen, was und wie ich beten kann.

Es dürfte klar sein, dass man solche gehaltvollen Texte nicht »verschlingen« kann wie einen spannenden Roman. Es empfiehlt sich, pro Tag nicht mehr als nur einen Brief oder eines der Gespräche zu lesen. Wer die kurzen Texte laut liest, kommt wohl eher zu der Erfahrung, dass die Worte des Bruders Lorenz ihn wirklich »ansprechen«.

Risiken und Nebenwirkungen

Wir kennen die Überschrift »Risiken und Nebenwirkungen« von den Beipackzetteln unserer Arzneien. Sie unterrichten uns mit wachsender Ausführlichkeit und Genauigkeit über mögliche Gefahren, die mit dem Gebrauch eines bestimmten Mittels verbunden sein können. Wer sich hier etwas auskennt, weiß: Gerade bei den hochwirksamen Arzneien mit den starken Wirkstoffen sind Vorsicht und Sorgfalt geraten, damit das gute Medikament keine unerwünschten Schäden anrichtet, Schäden, die im schlimmsten Fall nicht wieder gut zu machen sind.

Was Bruder Lorenz uns für unser geistliches Leben anrät, gleicht einem starken Arzneimittel. Bruder Lorenz' Weisheit verlangt nach Weisheit bei der Anwendung dessen, was er empfiehlt. Ein Leben in der Liebe zu Gott und im ständigen liebevollen Gewahrsein seiner Gegenwart zu führen, ist ohne Frage für jeden Menschen gut und heilsam. Aber das Mittel will sorgfältig dosiert sein, und mit den konkreten Anweisungen, die Bruder Lorenz uns gibt, ist behutsam umzugehen.

Dazu gehört zunächst die Einsicht, dass Bruder Lorenz in seinen Texten zu Menschen aus einer sehr weit zurückliegenden Zeit spricht. Sie lebten unter anderen Bedingungen als wir und hatten ein anderes Lebensgefühl. Allein die Tatsache, dass die Menschen in jener Zeit im Vergleich zu uns eine recht geringe Lebenserwartung hatten, prägte ihre Einstellung zum Leben in einer Weise, die wir nicht gedankenlos nachvollziehen sollten. Viele Fragen, die uns heute beschäftigen, waren diesen Menschen fremd.

Die meisten Adressaten, denen Bruder Lorenz Briefe geschrieben hat, lebten im Kloster. Wir sollten also das, was Bruder Lorenz ihnen nahelegt, nicht unbedacht auf uns übertragen.

Ich lerne gern von der Liebe und dem heiligen Ernst des Bruders. Aber aus guten Gründen bin ich im Umgang mit mir wie auch in dem, was ich anderen nahelege, sehr viel vorsichtiger, was den Zugriff auf die eigene Person angeht. Gewaltsamkeiten im Umgang mit sich selbst können auch bei bester Absicht schwere Folgeschäden nach sich ziehen. Im geistlichen Leben gibt es nicht nur das Problem möglicher Trägheit und Lässigkeit (die etwas ganz anderes ist als die gewünschte Gelassenheit), sondern auch die Not von Übereifer und Übermotivation. Manche Menschen verzärteln sich selbst und fordern sich zu wenig; andere neigen dazu, sich zu überfordern, und machen sich zu Sklaven ihres eigenen guten Willens.

Die Gefahr, durch die Empfehlungen des Bruders Lorenz auf einen falschen Weg zu kommen, wird geringer sein, wenn ich einen kundigen Begleiter habe, dem ich von Zeit zu Zeit Rechenschaft von meinem Tun und meinen Erfahrungen gebe. Natürlich ist es gut, wenn dieser Begleiter ein ausgewiesener Seelsorger ist. Doch nicht jedem wird es möglich sein, einen solchen Helfer zu finden. Aber es genügt, Gott sei Dank, auch eine treue geistliche Freundin, ein ehrlicher »Bruder im Herrn«, jemand, der ein waches Gespür für meine Fehlhaltungen und Fehleinstellungen hat und mich rechtzeitig vor etwaigen bedenklichen Entwicklungen warnt.

Im übrigen wird ein Christ, dem das Wachstum seines Glaubens am Herzen liegt, keinem Meister in unkritischer Ergebenheit folgen. Ich persönlich verdanke Bruder Lorenz sehr viel und kann mich an diesem Meister des geistlichen Lebens immer wieder von Herzen freuen. Aber Bruder Lorenz ist nicht mein Guru, den ich vergöttere. Ich brauche für mein spirituelles Wachsen und Reifen einen verlässlichen Lehrer, dem ich mich gerne anvertraue. Aber ich muss mich hier und da auch an ihm reiben können. Ohne solche Reibflächen bleibt der Lernprozess unlebendig und unfruchtbar. Darum schätze ich Bruder Lorenz nicht nur wegen seiner Weisheit, von der ich dankbar lerne. Ich freue mich auch darüber, dass er mir so manche Gelegenheit gibt, mich zu ärgern und in die Auseinandersetzung mit ihm einzutreten.

Drei Anlässe, die mich immer wieder den Kopf schütteln lassen, seien hier genannt. Wenn Bruder Lorenz davon spricht, wie schön es ist, auch die schlimmsten Schmerzen aus Liebe zu Gott zu ertragen, frage ich mich, ob der liebe Bruder nicht auch die ganz andere Gefahr kennt, dass nämlich Menschen sich in eine neurotische Schmerzseligkeit hineinsteigern können, dass sie sich zu wenig gegen das Übel wehren. Und gibt es nicht auch Schmerzen, die so heftig sind, dass sie auch den frömmsten Menschen an die Grenzen seiner psychischen und physischen Belastbarkeit führen? Wir haben heute eine Fülle schmerzlindernder Mittel von unterschiedlicher Wirkkraft und Wirkweise und wollen unserem Gott dafür dankbar sein. Wie ein reifer Mensch mit diesen Mitteln angemessen umgehen kann, ist eine schwierige spirituelle Frage und eine große Herausforderung an jeden, der hier Verantwortung trägt. So wird auch unser Urteil über den Dienst der Ärzte freundlicher und differenzierter ausfallen müssen als bei Bruder Lorenz. Immerhin wusste auch er von einer Geringschätzung ärztlicher Kunst, die nichts anderes bedeutet, als Gott zu versuchen (vgl. Seite 90).

Das zweite Ärgernis: die unkritische Einstellung zum Soldatenberuf, den Bruder Lorenz ja als junger Mann selbst eine Zeit lang ausgeübt hat. Das Gottesgedenken mit dem erhobenen Degen in der Faust (Seite 74) ist keine ernsthafte christliche Möglichkeit. Es würde ja auch, in die Welt des modernen Krieges übersetzt, bedeuten, dass wir dem Bomberpiloten raten, sich in eine Meditation der Gottesliebe zu versenken, während seine Hand auf den Auslöser drückt, der die Bomben auf Dresden oder Coventry oder Hiroshima oder Bagdad fallen lässt. Man mag Bruder Lorenz zugute halten, dass seine Kirche zumindest damals eine im christlichen Glauben begründete Kriegsdienstverweigerung nicht kannte. Aber es gab sie doch auch damals, im 17. Jahrhundert, die »Stäbler«, wie man sie mancherorts nannte, weil sie keine Waffen trugen, sondern nur den Pilgerstab als Zeichen der Friedfertigkeit. Aber die meisten von ihnen mussten in eben der Zeit, in der Bruder Lorenz lebte, aus ihrer europäischen Heimat in die Neue Welt auswandern, weil sie hier allen christlichen Kirchen als unbelehrbare Ketzer galten.

Schließlich wird der aufmerksame Leser leicht darüber stolpern, dass Bruder Lorenz scheinbar das nicht hatte, was in manchen Gemeinden und Gemeinschaften »Heilsgewissheit« genannt wird (siehe etwa Seite 83). Die Einstellung des Bruders Lorenz wird nur verständlich, wenn wir sehen, in welcher Frontstellung er spricht und schreibt. Die römisch-katholische Kirchenlehre jener Zeit begründete die »Heilsgewissheit« auf das Teilhaben an der durch das Sakrament empfangenen Gottesgnade: Getauft und so Glied der Kirche geworden; das Heilige Abendmahl, die Kommunion, regelmäßig empfangen – wer diese beiden Bedingungen erfüllte, konnte der ewigen Seligkeit gewiss sein. So entstand jedoch leicht eine falsche

Sicherheit, die einem spirituellen Reifungsprozess im Weg steht. An der Barmherzigkeit Gottes hat Bruder Lorenz wohl nicht gezweifelt. Doch ging es ihm offenbar ähnlich wie Gerhard Tersteegen, der auch nach seiner Bekehrung feststellen konnte, dass »meine Seele noch so gefährlich steht«. Ein Leben in der Gegenwart Gottes und eine fatale Verkennung der eigenen Gefährdungen und der Versuchlichkeit auch des gläubigen Menschen reimen sich nicht miteinander.

So gehe ich meinen Weg als Schüler des verehrten Lehrers und suche immer wieder die Balance zwischen arroganter Besserwisserei (die gerade an Bruder Lorenz immer wieder ihren Meister finden wird) und einer unreifen Guruergebenheit (die der demütige Bruder von keinem derer, die ihn um Rat angingen, je erwartet hat). Und ich denke, wer immer so von Bruder Lorenz lernen möchte, wird auch heute reich belohnt werden.

Zur Sprache und Ausdrucksweise des Bruders Lorenz

Bruder Lorenz spricht und schreibt meistens in einer sehr schlichten Sprache. Nur in der vierten der *Kleinen Schriften* (Seite 104) bedient er sich der damals üblichen Gelehrtensprache.

Trotzdem bedürfen einige der von ihm bzw. seinem Übersetzer Gerhard Tersteegen gebrauchten Ausdrücke der Erläuterung. Manche Worte haben bei Bruder Lorenz eine sehr spezielle Bedeutung, die sich zum Teil aus dem Sprachgebrauch der Bibel, zum Teil auch aus der Ausdrucksweise mystischer Überlieferung ergibt.

So gilt es zu beachten, dass das Wort »Glaube« bei Bruder Lorenz weit entfernt ist von Überzeugungen, die jemand für theologisch richtig hält. Glaube ist bei Bruder Lorenz eigentlich gar kein intellektueller Begriff, sondern ein höchst emotionales Wort. Es meint die aus dem Herzen kommende liebevolle Hingabe des Menschen an Gott.

Ein Mensch, der sich in dieser Weise ungeteilt Gott hingibt und seine Gegenwart spürt, ist »vergnügt«. Damit ist mehr als nur eine heitere, fröhliche Stimmung gemeint. Wer vergnügt ist, ist zufrieden, denn er hat (in Gott) genug und begehrt nichts anderes mehr. Er sucht nur die »Tröstungen«, die ihm die Gegenwart Gottes schenkt, wobei Worte wie »Trost« und »Tröstung« in ihrer alten Bedeutung, also im Sinn von »Ermutigung« verstanden sein wollen. So kann der Mensch die Gegenwart Gottes »genießen« – ein Wort, das in der alten Frömmigkeitssprache sehr unbefangen gebraucht wird, wenn es darum geht, den Sinn und die Bestimmung des Menschseins zu beschreiben. Ganz unbefangen gebraucht Bruder Lorenz in solchem Zusammenhang gerne auch das Wort »süß«. Es hat bei ihm noch gar nicht den Beigeschmack des Süßlichen oder gar des Verkitschten. In einer Welt, in der der Speisezettel der meisten Menschen normalerweise keine Süßspeisen enthielt, bezeichnet »süß« noch die seltene, aber dafür um so mehr ersehnte Delikatesse.

Wer sich auf den von Bruder Lorenz beschriebenen Weg begibt, muss allerdings damit rechnen, dass er zunächst eher gegenteilige Erfahrungen macht: nicht süßer Genuss, sondern bittere Einsamkeit, ein Gefühl von Verlassenheit, quälender Hunger und Durst (»Dürre«). Auch Bruder Lorenz sind solche Zeiten der Verzweiflung, der »dunklen Nacht der Seele«, wie der Karmelit und Mystiker Johannes vom Kreuz (1542–1591) diese Erfahrung genannt hat, nicht erspart geblieben. Vier dunkle Jahre währte nach seinen eigenen Angaben (Seite 44) die Zeit, in der ihn das Gefühl einer unendlichen Ferne, ja Abwesenheit Gottes plagte. Angesichts seiner Schuld fühlte er sich von Gott verworfen. Erst dann empfing er die spürbare Wahrnehmung der Gegenwart Gottes, die dann sein weiteres Leben so eindrucksvoll bestimmen und sein Herz mit bleibender Freude füllen sollte.

Oft lesen wir, dass Bruder Lorenz davor warnt, sich auf die »Welt« einzulassen. Damit nimmt er eine biblische Redeweise auf, wie wir sie vor allem bei Paulus und Johannes finden. In der Geschichte christlicher Frömmigkeit ist die hier gemeinte Distanz gegenüber der »Welt« leider immer wieder zu einer Zerrform verkommen: Menschen »verleugnen« die Welt, aber ihre Weltentsagung ist nichts anderes als eine christlich verbrämte Lebensangst. Was meint das Wort »Welt« in der Bibel und bei Bruder

Lorenz? Welt ist jedenfalls nicht der Kosmos, die von Gott in seiner Güte gut geschaffene Welt, sondern eine gefährliche, das menschliche Leben bedrohende Macht. Diese Macht verfolgt ein ganz bestimmtes Ziel: Sie will den Menschen seiner wahren Bestimmung, dem Genießen der Liebe Gottes, entfremden. Sie legt es darauf an, dass Menschen ihr Leben auf das reduzieren, was man »haben« und »wissen« kann (wie es Erich Fromm ausgedrückt hat). »Welt« möchte uns im Besitzstreben erstarren lassen, anstatt dass wir in lebendiger Liebe die engen Grenzen unseres kleinen, bequemen und leidensscheuen Ego überschreiten. Und die so verstandene Welt bedroht alle diejenigen, die sich nicht in ihr Schema pressen lassen wollen. Weltverleugnung meint eine Lebensweise, die von der Kritik an jeder Reduzierung unseres Lebens auf Haben und Wissen bestimmt ist.

Ein Leben, das im Habenmodus verkümmert, kann Bruder Lorenz auch als ein Leben nach der »Natur« bezeichnen. Auch dies ist biblischer Sprachgebrauch (1. Korinther 2,14 f.). Der »natürliche Mensch« steht dabei im Gegensatz zum »geistlichen Menschen«. Bruder Lorenz kann in solchem Zusammenhang auch vom äußeren Menschen sprechen, oder von der Bindung an Irdisches, an das Zeitliche, das Vergängliche, an »Eitelkeiten«, womit nicht ein eitler Charakter gemeint ist, sondern die Unsinnigkeit und Vergeblichkeit eines Lebensentwurfs, der nur auf Vergängliches aus ist, anstatt sich der Ewigkeit zuzuwenden. So ist der »natürliche Mensch« bestimmt durch Habgier, Ehrgeiz und Ruhmsucht, durch Leidensscheu und Selbstherrlichkeit. Seine Tragik ist, dass er die Freude immer an der falschen Stelle sucht und so die wahre Freude, die bleibende Freude, die Gottes Liebe ihm bestimmt hat, verfehlt.

In eben diesem Zusammenhang will auch verstanden sein, was Bruder Lorenz über die »Kreaturen«, die »Geschöpfe Gottes« sagt. Selbstverständlich ist für ihn alles, was Gott geschaffen hat, gut. Aber von den Geschöpfen kann auch eine Gefahr ausgehen; sie verlocken den Menschen, dass er sein Herz an sie hängt, anstatt seine ganze Liebe auf Gott zu konzentrieren. Sie versprechen dem Menschen mehr, als sie geben können. Darum warnt Bruder Lorenz davor, dass der Mensch sich an die Kreaturen verliert und, wie Paulus es im Römerbrief sagt (1,25), das Geschöpf anstelle des Schöpfers ehrt und liebt.

Noch eine letzte Bemerkung: Gelegentlich versteckt sich Bruder Lorenz, indem er von einem anderen berichtet, was ihm selbst widerfahren ist. So ist der »Geistliche« im ersten Brief (Seite 58) niemand anders als Bruder Lorenz selbst.

3

Im Gespräch
mit Bruder Lorenz –
Aufzeichnungen
des Herrn von Beaufort

Das erste Gespräch
(3. August 1666)

Es war das erste Mal, dass ich Bruder Lorenz gesehen habe. Er sagte: »Anlässlich meiner Bekehrung hat Gott mir eine besondere Gnade erwiesen. Ich lebte damals noch in der Welt und war achtzehn Jahre alt. Eines Tages im Winter betrachtete ich einen Baum, der zu dieser Zeit alle seine Blätter verloren hatte. Ich stellte mir vor, wie die Blätter nach einiger Zeit wieder hervorkommen würden und bald darauf die Blüten und schließlich die Früchte. Dabei gewann ich eine tiefe Einsicht in die Fürsorge und Allmacht Gottes, eine Einsicht, die später nie mehr aus meiner Seele ausgelöscht wurde. Dieser Eindruck hat mich ganz von der Welt losgelöst und eine so starke Liebe zu Gott in mir erweckt, dass ich nicht sagen kann, ob sich diese Liebe bei mir in den vierzig Jahren, die verflossen sind, seit ich diese Gnade empfing, noch vermehrt hat.

Ich war damals herrschaftlicher Diener oder Lakai bei dem Herrn Schatzmeister Fieubet und ein grober, ungeschickter Mensch, der alles verdarb und zerbrach. Ich hatte den Wunsch, ins Kloster zu gehen, und glaubte, man werde mir dort wegen meiner groben Fehler die Haut bei lebendigem Leibe abziehen, und dass ich so mein Leben und all mein Vergnügen Gott zum Opfer bringen könnte. Aber Gott hat mich ›betrogen‹, denn ich habe dort im

Gegenteil nichts als lauter Vergnügen gefunden, weshalb ich oft zu Gott sage: ›Herr, du hast mich betrogen.‹

Wir müssen danach trachten, uns in der Gegenwart Gottes festzumachen, und uns mit ihm in einem ununterbrochenen Gespräch befinden. Den Umgang mit ihm vernachlässigen, um sich mit Nichtigkeiten abzugeben, ist eine Schande.

Wir müssen unsere Seele dadurch stärken und nähren, dass wir Gott die größte Wertschätzung entgegenbringen. So wird es uns zur reinen Freude, an ihn zu denken. Wir müssen unseren Glauben in uns beleben. Es ist sehr bedauerlich, dass wir so wenig Glauben haben. Statt den Glauben unsere Lebensregel und unseren Führer sein zu lassen, halten wir uns mit allerhand bescheidenen Andachtsübungen auf, die sich von Tag zu Tag verändern. Der Glaube ist der Atem der Kirche; er genügt, um uns auf dem Weg der Vollkommenheit kräftig voranschreiten zu lassen.

Wir müssen uns in einer lauteren und völligen Hingabe ganz Gott ausliefern, und zwar im Blick auf unser Glaubensleben wie auf die äußeren Aspekte unseres Lebens, und all unser Vergnügen und alle Zufriedenheit im Vollbringen seines Willens finden, ganz gleich, ob er uns durch Leiden oder durch Tröstungen führt. Alles soll dem, der sich wahrhaftig Gott hingegeben hat, gleich sein.

Über das Elend und die Verfehlungen, von denen ich die Leute alle Tage reden höre, wundere ich mich nicht. Im Gegenteil, angesichts der Bosheit, zu der ein Sünder fähig ist, bin ich überrascht, dass es nicht noch mehr davon gibt. Ich bete für den Sünder, doch da ich weiß, dass Gott ihn heilen kann, wenn er es will, lasse ich mich davon nicht weiter bekümmern.

In Zeiten der Dürre und Verlassenheit müssen wir treu ausharren. Auf diese Weise prüft Gott unsere Liebe zu ihm. So üben wir uns in den guten Werken des Verzichts und der Hingabe. Eine einzige derartige Tat kann uns oft einen großen Schritt voranbringen.

Um zu einer völligen Hingabe an Gott zu gelangen, wie er sie von uns fordert, müssen wir aufmerksam wachen über alle Regungen und Bewegungen der Seele, die sich in geistlichen Dingen wie auch in den gröbsten Arbeiten einschleichen. Hierzu gibt Gott denen, die wahrhaftig sein Eigentum sein und ihm gehören wollen, Licht und Verstand.

Wenn dies in Wahrheit auch Ihr Wille und Vorhaben ist, können Sie mich so oft besuchen, wie Sie wollen, ohne befürchten zu müssen, dass Sie mir hinderlich sein könnten. Ist dies jedoch nicht der Fall, dann sollten Sie mich lieber nicht besuchen.«

Das zweite Gespräch
(28. September 1666)

In unserem zweiten Gespräch berichtete Bruder Lorenz: »Ich habe mich immer durch die Liebe leiten lassen, ohne irgendetwas anderes zu suchen und ohne mich darum zu bekümmern, ob ich selig oder verdammt werde. Ich habe bei allen meinen Arbeiten nur dies Ziel verfolgt, alles aus Liebe zu Gott zu tun, und dabei ist es mir gut gegangen. Ich bin schon ganz zufrieden, wenn ich aus Liebe zu Gott nur einen Strohhalm von der Erde aufheben kann, so dass ich einzig Gott suche und nichts anderes, auch nicht Gottes Gaben.

Diese Haltung der Seele verpflichtet Gott gleichsam, ihr unzählige Gnadengaben mitzuteilen. Doch wenn man die Frucht annimmt, die aus diesen Gnadengaben entsteht, und das ist die Liebe, muss man den Geschmack verwerfen und sich sagen: Dies alles ist ja nicht Gott selbst. Wir wissen durch den Glauben, dass Gott unendlich größer ist und ganz anders als das, was wir von ihm fühlen und empfinden. Wenn ein Mensch sich so verhält, spielt sich zwischen Gott und dem Menschen ein merkwürdiger Streit ab. Gott beschenkt uns immerzu; der Mensch aber sagt immer: Alles, was ich da empfange, ist nicht Gott, ist nicht er selber. In diesem Streit ist der Mensch durch den Glauben genauso stark wie Gott, ja noch stärker, weil Gott nie so viel geben kann, dass der Mensch nicht mehr sagen könnte: Was Gott mir gibt, ist nicht er selber.

Ekstase und Verzückung kommen nur daher, dass ein Mensch sich an der Gabe erfreut, anstatt diese zu verwerfen und zu Gott selbst zu gehen, über alle seine Gaben hinaus. Man soll sich auch von angenehmen Gefühlen

43

nicht hinreißen lassen, es sei denn, jemand wird unvermutet von ihnen überwältigt; doch Gott ist Herr und Meister über alles.

Gott vergilt alles, was jemand aus Liebe zu ihm tut, so schnell und wunderbar, dass ich manchmal gewünscht habe, ich könne etwas von dem, was ich aus Liebe zu Gott tue, vor ihm verbergen, damit es mir nicht von Gott vergolten wird und ich so das Vergnügen hätte, etwas wirklich einzig und allein um Gottes willen zu tun.

Ich habe früher große Gemütsangst gehabt, denn ich habe fest geglaubt, ich sei verdammt, so dass auch alle Menschen mir diese Meinung nicht nehmen konnten. Aber dann habe ich bei mir folgenden Entschluss gefasst: Ich bin nur aus Liebe zu Gott ins Kloster eingetreten. Ich habe danach getrachtet, nur für ihn zu leben. Mag ich nun selig werden oder verdammt, egal, ich werde allezeit fortfahren, alles nur aus Liebe zu Gott zu tun. Auf diese Weise werde ich jedenfalls diesen Gewinn haben, dass ich bis an mein Ende, soweit das Vermögen dazu in mir vorhanden ist, alles tun werde, um ihn zu lieben.

Diese Angst in mir währte vier Jahre lang, und ich habe in dieser Zeit viel ausgestanden. Seit dieser Zeit aber habe ich dann weder an den Himmel noch an die Hölle gedacht. Mein ganzes Leben ist nun nichts anderes als eine große innere Freiheit und eine immerwährende Freude. Ich stelle meine Sünden zwischen mich und Gott, um ihm gleichsam zu sagen, dass ich seiner Gnade nicht wert bin; aber trotzdem hört Gott nicht auf, mich mit Gnadengaben zu überschütten. Manchmal fasst Gott mich gleichsam bei der Hand und führt mich vor die ganzen himmlischen Heerscharen, um ihnen einen von jenen Armseligen zu zeigen, denen er voller Lust seine Gnadengaben mitteilt.

Anfangs kostet es etwas Fleiß, die feste Gewohnheit zu erlangen, stets mit Gott umzugehen und alles Tun auf ihn auszurichten; aber nach einiger Mühe fühlt man sich ohne irgendwelche Anstrengung einfach von seiner Liebe dazu aufgeweckt.

Ich erwarte allerdings, dass nach den guten Tagen, die Gott mir gibt, die Reihe auch einmal an mich kommen wird, da ich mein Teil an Schmerzen und Leiden bekommen werde; aber ich bin deswegen unbekümmert, weil ich wohl weiß, dass Gott nicht aufhören wird, mir dann auch die Kraft zu geben, mein Leiden zu tragen, da ich ja aus mir selbst heraus nichts vermag.

Wenn ich etwas Gutes tun soll, wende ich mich an Gott und sage zu ihm: Mein Gott, ich kann das nicht vollbringen, es sei denn, dass du es in mir und durch mich wirkst. Dann wird mir auf der Stelle Kraft gegeben, und zwar im Überfluss.

Habe ich einen Fehler gemacht, dann tue ich nichts anderes, als dass ich meine Schuld vor Gott bekenne und sage: Herr, ich werde immer nur Fehler machen, solange du mich bei meinem Tun allein lässt. Deine Sache ist es, zu machen, dass ich nicht falle, und das zu bessern, was nicht gut ist in mir. Daraufhin bekümmere ich mich nicht weiter über meinen Fehler.

Man muss ganz einfältig mit Gott reden, ihn frei und offenherzig ansprechen und so wie die Dinge vorfallen, seinen Beistand von ihm begehren. Gott wird seinen Beistand niemandem versagen; ich habe das oft erfahren.

Vor wenigen Tagen wurde mir gesagt, ich solle nach Burgund reisen und dort den nötigen Wein für das Kloster kaufen. Das wird für mich sehr beschwerlich sein, nicht nur deswegen, weil ich zu solchen Verrichtungen nicht geschickt bin, sondern weil ich obendrein an einem

Bein lahm bin, so dass ich auf dem Schiff nicht gehen kann und über die Weinfässer kriechen muss. Aber ich mache mir hierüber wie über den ganzen Weinkauf keine Sorgen und sage zu Gott: Es ist dein Werk. Dann sage ich mir, die Sache wird schon klappen, und zwar gut und zufriedenstellend. Voriges Jahr hat man mich aus dem gleichen Grund in die Auvergne gesandt. Ich kann gar nicht sagen, wie die Sache damals ausgerichtet worden ist; ich war es ja gar nicht, der sie ausgeführt hat; aber man hat festgestellt, dass der Auftrag recht gut erledigt war.

Ebenso ergeht es mir mit meiner Küche. Gegen sie habe ich von Natur aus die größte Abneigung gehabt; nachdem ich mich aber einmal daran gewöhnt hatte, auch dort alles aus Liebe zu Gott zu verrichten und ihn bei jeder Gelegenheit um den Beistand seiner Gnade zur Ausführung meiner Arbeiten anzuflehen, ist mir während der fünfzehn Jahre, die ich in der Küche beschäftigt gewesen bin, alles sehr leicht gefallen.

Meine jetzige Beschäftigung ist, Schuhe zu besohlen und zu flicken, was ich mit großer Befriedigung und mit Vergnügen tue; doch bin ich bereit, auch diese Arbeit wieder aufzugeben wie alle anderen, weil ich ja bei jeder Arbeit nichts anderes tue, als dass ich mich freue, irgendwelche geringen Dinge aus Liebe zu Gott tun zu dürfen.

Bei mir gibt es keinen Unterschied zwischen der Zeit des Gebets und der übrigen Zeit. Zwar ziehe ich mich zu meinen stillen Gebetszeiten in die Einsamkeit zurück, wenn der Pater Prior mir sagt, ich solle das tun. Sonst aber begehre oder verlange ich es nicht; ich suche es auch deswegen nicht, weil selbst meine größte Arbeit mich keineswegs von Gott abzieht.

Weil ich gut weiß, dass ich in allen Dingen Gott lieben muss, und auch an mir arbeite, dieser Pflicht gebührend nachzukommen, brauche ich keinen geistlichen Führer, wohl aber einen Beichtvater, der mich von meinen Fehlern, die ich begehe, losspricht. Ich sehe meine Schwächen sehr wohl, verwundere mich auch nicht darüber, sondern bekenne sie vor Gott und versuche keineswegs, mich gegen ihn zu verteidigen oder meine Fehler zu entschuldigen; aber wenn das geschehen ist, kehre ich in Frieden zu meiner gewohnten Übung der Liebe und der Anbetung zurück.

In meinen Leiden habe ich niemand um Rat gefragt; einzig mit dem Licht des Glaubens, durch das ich wusste, dass Gott gegenwärtig ist, habe ich mir daran genügen lassen, dass ich mein Werk um Gottes willen und vor ihm tue, es mag im übrigen gehen, wie es will. Ich will mich gerne auf diese Weise um der Liebe Gottes willen verlieren; dabei fühle ich mich immer wohl.

Zerstreuende Gedanken verderben alles, und das ist der Anfang des Bösen; aber wir müssen uns darum bemühen, sie zu verwerfen, sobald wir gewahr werden, dass sie sich mit Dingen beschäftigen, die für unsere augenblickliche Arbeit oder für unsere Seligkeit unnötig sind, und so wieder zu unserem Gespräch mit Gott zurückkehren. Dabei geht es uns gut.

Anfangs habe ich mein ganzes Gebet nur damit zugebracht, dass ich die mir einfallenden Gedanken von mir geworfen habe – und dann doch wieder in sie gefallen bin.

Ich habe mein Gebet niemals nach einer vorgeschriebenen Regel halten können wie andere, doch habe ich mich im Anfang eine Zeitlang in der Betrachtung geübt. Jetzt aber weiß ich gar nicht mehr, wie es bei einer solchen Übung zugeht, und es ist mir unmöglich, davon Rechenschaft zu geben.

Ich habe darum gebeten, dass man mich immer im Stande eines Novizen, also eines Mönchs in den Probejahren, lassen möge, weil ich es gar nicht für möglich hielt, dass man mich zum Ablegen des Ordensgelübdes zulassen wolle; ich habe mir auch nicht vorstellen können, dass meine beiden Probejahre schon verflossen seien.

Ich bin nicht beherzt genug gewesen, um Gott darum zu bitten, dass er mir etwas zur Strafe oder Buße zuschicken möchte. Ich verlange auch nicht danach, irgendwelche Bußübungen auf mich zu nehmen; ich weiß allerdings sehr wohl, dass ich es verdient hätte, viel Buße zu tun und viele Bußübungen auferlegt zu bekommen; im übrigen wird Gott, falls er mich damit beschweren würde, mir die Gnade geben, alles zu ertragen. Alle Bußübungen und alle anderen Übungen dienen nur dazu, dass wir auf diese Weise zur Vereinigung mit Gott durch die Liebe kommen möchten. Daher habe ich nach reiflicher Überlegung gefunden, dass es doch kürzer ist, durch eine unaufhörliche Übung der Liebe geradewegs auf diese Vereinigung zuzugehen, indem man alles nur aus Liebe zu Gott tut.

Man muss einen großen Unterschied machen zwischen den Wirkungen des Verstandes und den Wirkungen des Willens. Jene gelten wenig, diese aber alles. Unser ganzes Werk ist nur, dass wir Gott lieben und uns an ihm erfreuen.

Würden wir alle denkbaren und möglichen Werke der Buße tun, allerdings ohne Liebe, dann würde dadurch nicht eine einzige Sünde ausgetilgt werden; man muss die Vergebung der Sünden durch das Blut Christi erwarten, ohne sich darüber Unruhe zu machen, und inzwischen nur daraufhin arbeiten, dass man ihn von ganzem Herzen liebt. Es scheint ja so, dass Gott diejenigen erwählt, die die größten Sünder gewesen sind. Er zieht sie anderen vor, die in ihrer Unschuld geblieben sind, um ihnen seine größten Gnadengaben mitzuteilen, weil seine Güte dadurch desto mehr offenbar wird.

Ich denke weder an den Tod noch an meine Sünden, weder an das Paradies noch an die Hölle, sondern nur daran, wie ich das eine oder andere geringe Ding aus Liebe zu Gott tun mag, da ich ja nichts Großes tun kann. Hernach mag es mit mir gehen, wie der Herr es will; darum bin ich unbekümmert.

Ich habe in einer inneren Seelenangst soviel ausgestanden, dass, falls man mir bei lebendigem Leib die Haut abziehen würde, dies gegen diese Angst wie nichts zu rechnen wäre, wie nichts aber auch gegen die große Freude, die ich gehabt habe und oftmals noch habe. Darum bekümmere ich mich um nichts, fürchte mich auch vor nichts; und alles, was ich von Gott begehre, ist einzig, dass ich ihn nicht beleidigen möge.

Ich habe gar selten irgendwelche Skrupel oder Beunruhigungen des Gewissens, denn wenn ich erkenne, dass ich einen Fehler gemacht habe, so gestehe ich es gerne ein und sage: Das ist mir nichts Neues; ich kann nichts anderes als sündigen. Wenn ich aber nichts falsch gemacht habe, danke ich Gott dafür und bekenne, dass das von ihm kommt.«

Das dritte Gespräch
(22. November 1666)

Bei unserer dritten Begegnung schilderte Bruder Lorenz: »Der erste Grund des geistlichen Lebens in mir war ein hoher Begriff von Gott und eine tiefe Ehrfurcht vor ihm im Glauben. Nachdem ich dies einmal recht erfasst hatte, habe ich von Anfang an keine andere Sorge gehabt als die, dass ich alle anderen Gedanken getreulich verwerfe, um alles, was ich tue, nur aus Liebe zu Gott zu tun. Ich mache mir selbst keineswegs Unruhe darüber, wenn ich zuweilen nicht daran denke, sondern ich bekenne Gott mein Elend und dann komme ich wieder zu Gott. Je elender ich mich in diesem Vergessen fühle, um so größer ist mein Vertrauen. Durch unser Vertrauen zu Gott wird er sehr geehrt, und wir erlangen auf diese Weise viel Gnade.

Zweierlei ist unmöglich: dass Gott uns betrügt, und dass er einen Menschen lange leiden lässt, der sich ihm ganz überlassen hat und entschlossen ist, um seinetwillen alles zu erleiden.

Ich bin dahin gekommen, dass ich keinen anderen Gedanken mehr habe als Gott; wenn sich ein anderer Gedanke oder eine Versuchung bei mir regen will, bemerke ich das bald. Und weil ich aus eigener Erfahrung der unverzüglichen Hilfe Gottes gewiss bin, lasse ich andere Gedanken oder Versuchungen bisweilen so nahe herankommen, bis ich weiß, dass es Zeit ist. Dann wende ich mich zu Gott, und daraufhin verschwinden sie sofort.

Aus dieser Erfahrung heraus pflege ich auch, wenn ich etwas zu verrichten habe, die Sache nicht vorher zu überlegen; sondern zu der für die Sache selbst bestimmten und nötigen Zeit finde ich in Gott wie in einem klaren Spiegel alles, was ich gerade jetzt tun muss. Ich habe nun schon seit einiger Zeit meine Arbeit auf diese Weise ohne vorherige Planung getan. Ehe ich die Erfahrung der unverzüglichen Hilfe Gottes machte, habe ich jeweils die nötige Vorsorge getroffen.

Ich erinnere mich überhaupt nicht an die Dinge, die ich getan habe, und ich nehme sie gar nicht in mein Gedächtnis auf; ja, auch dann, wenn ich sie tue, nehme ich sie fast nicht wahr. Wenn ich vom Tisch aufstehe, weiß ich schon nicht mehr, was ich gegessen habe, sondern bleibe in der Einfalt meines Auges oder des inneren Aufmerkens und verrichte so alles aus Liebe zu Gott. Ich danke ihm dafür, dass er mir meine Werke und viele andere Dinge geordnet hat, doch ganz einfältig und so, dass ich dadurch fest und unbewegt in der liebreichen Gegenwart Gottes gehalten werde.

Wenn meine äußeren Verrichtungen mich vom Denken an Gott ein wenig ablenken, gibt mir Gott eine Erinnerung daran, die meine Seele ganz einnimmt und durchdringt und so ein weit kräftigeres Denken an Gott in mir erweckt. Dadurch werde ich manchmal so sehr entzündet und zu einem so starken Feuer entflammt, dass ich laut rufen und mich heftig bewegen muss. Dann muss ich singen und tanzen wie einer, der seiner Sinne nicht mächtig ist.

Ich bin bei meiner gewöhnlichen Arbeit viel näher mit Gott vereinigt, als wenn ich meine Arbeit verlasse, um mich eigens zur Vereinigung mit Gott zum Gebet in der Abgeschiedenheit zurückzuziehen, und ich fühle mich für gewöhnlich ganz ausgetrocknet, wenn ich aus solcher Abgeschiedenheit zurückkomme.

Ich glaube, mir wird in Zukunft noch ein großes Leiden des Leibes oder des Gemüts bevorstehen, und es wäre mein größtes Unglück, würde ich Gott, den ich nun so lange besessen habe, empfindlich fühlbar verlieren; aber Gott gibt mir die feste Zusicherung, dass er mich nicht gänzlich verlassen will und mir die Kraft geben wird, das Übel, das er über mich verhängen wird, zu ertragen. So kommt es, dass ich mich vor nichts fürchte und mich mit niemandem wegen meines Seelenzustandes aussprechen muss. Habe ich es doch einmal tun wollen, bin ich immer nur in desto größere Unruhe geraten; doch weil ich bereit und willig bin, aus Liebe zu Gott auch zu sterben und sogar mich zu verlieren, habe ich keine Furcht. Die gänzliche Überlassung an Gott ist der sichere Weg; auf ihm fehlt es niemals an Licht, um voranzukommen.

Im Anfang muss man getreulich wirken und sich selbst getreulich verleugnen; danach aber folgt nichts als lauter unaussprechliches Vergnügen. In der Not und in den Schwierigkeiten muss man nur zu Jesus Christus eilen und ihn um seine Gnade bitten, und mit der Gnade wird alles leicht.

Manche halten sich oft mit Bußwerken, Kasteiungen und besonderen Übungen auf und unterlassen die Liebe, die doch das Ziel und das Ende ist. Das zeigt sich dann an den Werken, die einer tut, und ist die Ursache dafür, dass man so wenig wahre Tugend findet. Um zu Gott zu kommen, braucht man weder Klugheit noch Wissenschaft, sondern nur ein Herz, das entschlossen ist, sich um nichts zu kümmern als um ihn und nichts zu lieben außer ihm.«

Das vierte Gespräch
(25. November 1667)

Während unseres vierten Gespräches sagte Bruder Lorenz: »Alles besteht darin, dass wir ein für allemal allem absagen, was nicht zu Gott führt, und uns so an einen ständigen Umgang mit ihm gewöhnen, ohne andere Geheimnisse oder subtile Weisheiten. Wir haben nichts anderes zu tun, als zu erkennen, dass Gott in unserem Inneren gegenwärtig ist, und dass wir ihn alle Augenblicke ansprechen und ihn um seinen Beistand bitten, damit wir in zweifelhaften Dingen seinen Willen erkennen und das, was wir klar als seinen Willen erkannt haben, so verrichten, wie es sich gebührt; ferner dass wir dies alles, bevor wir damit beginnen, ihm übergeben und am Ende ihm dafür danken, dass wir es um seinetwillen verrichtet haben.

In diesem ständigen Umgang mit Gott ist man zur selben Zeit damit beschäftigt, Gott unaufhörlich zu loben, anzubeten und zu lieben wegen seiner unendlichen Güte und Größe.

Wir müssen ihn mit allem Vertrauen um seine Gnade anflehen, ohne auf unsere Sünden zu sehen, indem wir uns auf die unendlichen Verdienste unseres Erlösers verlassen. Gott lässt nicht nach, uns bei allen unseren Verrichtungen seine Gnade anzubieten; ich nehme das ganz deutlich fühlbar wahr. Ich mache deswegen keine Fehler, außer wenn ich mich von der Gesellschaft Gottes oder von seiner Gegenwart entferne, oder wenn ich vergessen habe, ihn um seinen Beistand anzurufen.

In Zweifelsfragen versagt Gott sein Licht niemals denen, die nichts anderes suchen, als ihm zu gefallen und alles um seiner Liebe willen zu tun. Unsere Heiligung besteht nicht darin, dass wir etwas anderes tun, sondern darin, dass wir um Gottes willen verrichten, was wir für gewöhnlich um unserer selbst willen tun.

Es ist bedauerlich, dass so viele Menschen sich an bestimmte Werke binden, die sie doch nicht anders als mit viel Unvollkommenheit und nur, um von den Menschen geachtet zu werden, verrichten. So verwechseln sie ständig die Mittel mit dem Zweck.

Ich finde kein vortrefflicheres Mittel, zu Gott zu gelangen, als meine gewöhnlichen Tätigkeiten und Aufgaben, zu denen mich der Gehorsam verpflichtet, indem ich nämlich diese von allem menschlichen Dünkel soviel wie möglich reinige und sie aus reiner Liebe zu Gott verrichte.

Man betrügt sich, wenn man meint, die Zeit des Gebets müsse sich von der übrigen Zeit unterscheiden. Wir sind zur Zeit der Arbeit durch unser Tun geradeso zur Vereinigung mit Gott verpflichtet, wie durch unser Gebet zur Zeit des Betens.

Mein Gebet besteht nun in nichts anderem als im Verweilen in Gottes Gegenwart. Meine Seele befindet sich dabei wie in einem Schlaf gegenüber allen Dingen, ausgenommen die Liebe. Aber auch außerhalb der Zeit des Gebets finde ich bei mir wenig Unterschied, da ich mich stets an Gott halte, um ihn nach all meinem Vermögen zu loben und zu preisen; und so bringe ich mein Leben in unaufhörlicher Freude zu. Dennoch hoffe ich, Gott wird mir etwas zu leiden geben, wenn ich einmal stärker sein werde.

Man muss sich ein für allemal Gott recht anvertrauen und sich ihm allein gänzlich überlassen. Er wird uns nicht betrügen.

Man darf nicht müde werden oder gar aufhören, etwas Geringes aus Liebe zu Gott zu tun, der nicht die Größe des Werks ansieht, sondern die Liebe, aus der es kommt. Man darf sich auch nicht darüber wundern, dass man anfangs oft einen Fehler macht. Zuletzt erlangt man doch die feste Gewohnheit. Dann werden wir von ganz alleine so handeln, ohne dass wir daran denken, und mit wunderbarem Vergnügen.

Wenn wir nur den Glauben, die Hoffnung und die Liebe in uns zu erhalten suchen, um einzig und allein dem Willen Gottes anzuhangen, dann ist alles übrige einerlei und soll uns nicht aufhalten; es soll uns nur wie eine Brücke sein, über die wir mit aller Geschwindigkeit hinübereilen, um uns in das einzige Ziel, in Gott zu verlieren, durch das Vertrauen und durch die Liebe.«

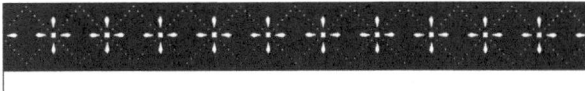

4

Die Briefe des Bruders Lorenz

Erster Brief

An eine Ordensschwester

Paris, den 1. Juni 1682

Meine ehrwürdige Mutter!
Ich möchte Ihnen die Gedanken eines unserer Geistlichen von den wunderbaren Wirkungen und dem dauernden Beistand, den er von der Gegenwart Gottes empfängt, mitteilen. Mögen wir beide Nutzen daraus ziehen!

In den vierzig Jahren, die dieser Mann im Kloster zugebracht hat, ist seine vornehmste Sorge gewesen, stets nahe bei Gott zu sein und nichts zu tun, zu sagen oder zu denken, was ihm missfallen könnte. Dabei leitet ihn keine andere Absicht als eine reine Liebe, denn Gott verdient noch mehr als solche Liebe.

Diese Erfahrung der göttlichen Gegenwart ist er jetzt so gewohnt, dass er aus ihr bei allen möglichen Gelegenheiten stets Hilfe erlangt. Ungefähr dreißig Jahre sind es, dass seine Seele so andauernde und mitunter so gewaltige Freuden genießt, dass er sich gezwungen sieht, sich nach außen hin kindlich zu geben, um diese Freude im Zaum zu halten und zu verhindern, dass sie von anderen bemerkt wird. Diese kindlichen Gebärden sehen dann allerdings mehr nach Torheit als nach Andacht aus.

Wenn er sich mitunter etwas zu weit von dieser göttlichen Gegenwart entfernt, macht Gott sich bald in seinem

Inneren bemerkbar und ruft ihn zurück. Das geschieht ihm oft, wenn er sich zu sehr in seine äußeren Verrichtungen verstrickt hat. Diesem inneren Ziehen kommt er in sorgfältiger Treue nach, entweder so, dass er sein Herz zu Gott erhebt, oder durch einen zärtlichen, liebevollen Blick zu Gott, oder durch einige Worte, wie sie die Liebe bei solchen Gelegenheiten spricht, wie etwa: »Mein Gott! Ich bin ganz für dich bereit! Mach mit mir, was deinem Herzen gefällt!« Dann spürt er, dass dieser Gott der Liebe mit diesen wenigen Worten zufrieden ist und im Grund und Zentrum seiner Seele wieder einschläft und ausruht. Diese Erfahrungen machen ihn ganz gewiss, dass Gott zu jeder Zeit im Grund seiner Seele ist, so dass er darüber keinen Zweifel haben kann, was auch immer er tut und was immer ihm geschieht.

Beurteilen Sie selbst, meine liebe Mutter, wie groß die Zufriedenheit und das Vergnügen ist, das er dadurch genießt, dass er einen so großen Schatz zu jeder Zeit in sich spürt. Er lebt nicht mehr in Unruhe wie einer, der diesen Schatz erst noch finden will; er ist nicht mehr bemüht, ihn zu suchen. Dieser Schatz liegt ganz offen vor ihm, und es steht ihm frei, davon zu nehmen, was er will.

Er klagt öfter über unsere Blindheit, und stets predigt er, dass wir zu bedauern sind, wenn wir uns mit so wenigem begnügen. Gott – so sagt er – hat uns unendliche Schätze zu geben, und wir begnügen uns mit einer kleinen, gefühlvollen Andacht, die in einem Augenblick vorübergeht. Wie blind sind wir, binden wir doch auf diese Weise Gott die Hände und halten das Überfließen seiner Gnade auf. Wenn Gott aber jemanden findet, der von einem lebendigen Glauben durchdrungen ist, dann gießt er seine Gnade bis zum Überfließen in ihn hinein. Das ist wie wenn ein Strom, der durch Gewalt aufgestaut ist, sich mit Heftigkeit und im Überfluss ergießt, sobald er einen Abfluss gefunden hat.

Ja, oft halten wir diesen Strom auf. Lasst uns ihn, meine geliebte Mutter, nicht mehr aufhalten, indem wir ihn gering schätzen. Wir wollen in unser Inneres einkehren, den Damm brechen und der Gnade einen Weg öffnen und die verlorene Zeit aufholen. Vielleicht leben wir nicht mehr lange. Der Tod ist dicht hinter uns her. Lassen Sie uns wachen! Man stirbt nur einmal!

Ich sage nochmals: Gehen wir in uns! Die Zeit eilt. Es gibt keinen Aufschub mehr. Jeder ist selbst dafür verantwortlich. Ich glaube, Sie werden Ihre Angelegenheiten so gut geordnet haben, dass der Tod Sie nicht unversehens überfallen wird. Ich lobe Sie deswegen, denn das ist ja unsere Aufgabe. Allerdings muss man sich immer weiter mühen, denn wer im Leben des Geistes nicht vorwärts geht, der geht zurück. Diejenigen aber, die vom Wind des Heiligen Geistes getrieben werden, die segeln selbst im Schlaf noch weiter. Wenn also das Schifflein unserer Seele von Winden und Ungewittern bedroht wird, wollen wir den Herrn aufwecken, der darin ruht. Er wird das Meer bald stillen.

Ich habe mir die Freiheit genommen, meine sehr geliebte Mutter, Ihnen diese guten Erfahrungen mitzuteilen, damit Sie sie mit Ihrer eigenen Meinung vergleichen können. Sie werden helfen, diese wieder anzufachen und zu entflammen, sollten sie durch ein Unglück (was Gott verhüten möge, denn das wäre ein großes Unheil) ein wenig abgekühlt sein. Lassen Sie uns beide zu unserem ersten Eifer zurückkehren. Wir wollen uns das Beispiel und die Ratschläge dieses Klostermannes zunutze machen. In der Welt ist er wenig bekannt, bei Gott aber wohlbekannt. Gott beschenkt ihn reichlich mit Zeichen der Liebe. Ich will Gott für Sie bitten. Bitten Sie Gott für den, der da in unserem Herrn ist, meine ehrwürdige Mutter,

Ihr ...

Zweiter Brief

An eine Ordensschwester

Meine ehrwürdige und sehr geehrte Mutter!
Heute habe ich zwei Bücher und einen Brief von
Schwester N. erhalten. Sie bereitet sich auf ihre Gelübde
vor und bittet dazu Ihre heilige Klostergemeinschaft und
Sie um Ihre Fürbitte. Sie bezeugt mir, dass sie auf diese
Fürbitte eine große und außerordentliche Zuversicht
setzt. Enttäuschen Sie die Schwester nicht! Bitten Sie Gott,
dass sie ihre Gelübde mit dem ausschließlichen Ziel, ihn
zu lieben, ablegt, und mit dem festen Entschluss, ganz
sein Eigentum zu sein. Ich will Ihnen eines von diesen
Büchern senden. Sie handeln von der Gegenwart Gottes.
Darin besteht meiner Meinung nach das ganze geistliche
Leben. Mir scheint, wenn man sich in der Erfahrung der
Gegenwart Gottes so übt, wie man es soll, dann wird man
in kurzer Zeit ein geistlicher Mensch.

Ich weiß, dass das Herz dazu von allen anderen Dingen
leer sein muss, denn Gott allein will es besitzen. Voraussetzung hierfür ist, dass alles, was nicht Gott ist, aus
dem Herzen ausgeleert werden muss. Sonst kann Gott
dort nicht wirken oder tun, was er will. In der Welt gibt
es keine süßere und lieblichere Lebensart als den ständigen Umgang mit Gott. Das können nur die begreifen, die
diese Lebensweise üben und schmecken. Ich rate Ihnen
jedoch, dass Sie diese Praxis nicht wegen solcher angenehmen Erfahrungen suchen. Wir sollen ja in dieser Übung
nicht die Tröstungen suchen. Vielmehr sollen wir es um
der Liebe willen tun, und weil Gott es so haben will.

Wäre ich ein Prediger, ich wollte nichts anderes predigen als die Übung der Gegenwart Gottes. Wäre ich ein geistlicher Führer, ich würde diese Übung allen Leuten ans Herz legen, so notwendig und so leicht scheint sie mir.

Ach, wenn wir wüssten, wie unentbehrlich die Gnadengaben Gottes und sein Beistand sind, wir würden ihn niemals, auch nicht einen Augenblick lang, aus den Augen lassen. Glauben Sie mir, fassen Sie von jetzt an den heiligen und festen Entschluss, dass Sie sich niemals mit Absicht hiervon entfernen; dass Sie den Rest Ihres Lebens mit dieser heiligen Übung zubringen, und dass Sie, falls Gott dies als nützlich ansieht, auf alle himmlischen und irdischen Tröstungen um seiner Liebe willen verzichten. Legen Sie die Hand ans Werk! Wenn Sie es so tun, wie es sich gehört, werden Sie bestimmt bald die Früchte sehen. Ich will Sie mit meinem armen Gebet dabei unterstützen. Ich empfehle mich sehr inständig Ihrer Fürbitte und dem Gebet Ihrer heiligen Klostergemeinschaft.

Dritter Brief

An dieselbe Ordensschwester

Paris, den 3. November 1685

Meine ehrwürdige und hochgeehrte Mutter!
Ich wundere mich, dass Sie mir nicht Ihre Gedanken
über das Buch schreiben, das ich Ihnen sandte und das Sie
bestimmt erhalten haben. Üben Sie das Gelesene fleißig in
Ihrem Alter; es spät üben ist besser als gar nicht.

Ich kann nicht begreifen, wie Ordensleute ohne die
Übung der Gegenwart Gottes vergnügt leben können. Ich
jedenfalls halte möglichst oft Einkehr bei ihm im Grund
und in der Mitte meiner Seele; wenn ich auf diese Weise
bei ihm bin, fürchte ich nichts. Die geringste Abwendung
von ihm ist mir allerdings eine Höllenqual.

Diese Übung tötet den Leib nicht; es ist aber nützlich,
dass man ihn von Zeit zu Zeit oder auch öfter auf viele
kleine, unschuldige und erlaubte Tröstungen verzichten
lässt. Denn Gott duldet es nicht, dass jemand, der ihm
ganz gehören will, andere Tröstungen als eben bei ihm
annimmt. Das ist ja auch ganz selbstverständlich. Ich sage
nicht, man müsse sich hierbei viel und gewaltsam anstren-
gen. Nein, man muss Gott in heiliger Freiheit dienen.
Man muss sich treulich bemühen, ohne Verwirrung und
Unruhe, und sein Gemüt sanft und ruhig zu Gott zurückrufen, sooft es sich von Gott entfernt hat.

Indessen ist es nötig, alle seine Zuversicht auf Gott zu
setzen und sich aller anderen Sorgen zu entledigen, sogar
der vielen Andachtsübungen (die doch durchaus gut

sind), mit denen man sich zur Unzeit belastet. Auch diese Andachten sind doch nur Mittel, um zum letzten Ziel zu gelangen. Wenn wir durch diese Übung der Gegenwart Gottes bei dem sind, der unser Lebensziel ist, dann ist es unnütz, zu den Hilfsmitteln zurückzukehren. Wir können doch unsere Liebesgemeinschaft mit ihm fortsetzen und bleiben so in seiner heiligen Gegenwart, mal durch eine Tat der Anbetung oder durch ein Loblied oder durch unsere Sehnsucht nach ihm; ein andermal durch ein Opfer, ein Dankgebet und auf viele andere Art und Weise, die unser Gemüt ersinnen kann.

Lassen Sie Ihren Mut nicht sinken wegen des natürlichen Widerstandes, den Sie dabei zu spüren bekommen. Sie müssen sich zwingen. Anfangs glaubt man oft, damit nur Zeit zu verlieren. Man muss aber fortfahren und sich entschließen, darin bis zum Tod und allen Schwierigkeiten zum Trotz zu beharren.

Ich empfehle mich dem Gebet Ihrer heiligen Klostergemeinschaft und besonders Ihrer Fürbitte und bin in unserem Herrn

Ihr ...

Vierter Brief

An eine 64-jährige Frau

Geehrte Frau!
Sie tun mir sehr leid. Könnten Sie die Sorge um Ihre Arbeit dem Herrn und der Frau N. überlassen und sich allein mit dem Gebet zu Gott beschäftigen, dann würden Sie Großes ausrichten. Er fordert nichts Großes von uns, von Zeit zu Zeit einen Augenblick an ihn denken, ein kurzes Wort der Anbetung, eine Bitte um seine Gnade. Manchmal gilt es, dass Sie ihm Ihre Schmerzen zum Opfer darbringen, ein andermal, dass Sie ihm danken für die Gnaden, die er Ihnen erwiesen hat und Ihnen mitten in Ihren Mühsalen immer wieder erweist, und dass Sie sich so oft als möglich mit ihm trösten. Bei Ihren Mahlzeiten und bei Ihren Gesprächen sollten Sie bisweilen Ihr Herz zu ihm erheben. Selbst der kleinste Gedanke an ihn wird ihn erfreuen. Man braucht dazu ja auch gar nicht laut zu schreien; er ist uns näher, als wir meinen.

Man braucht nicht stets in einer Kirche zu sein, um bei Gott zu sein. Wir können aus unserem Herzen eine Gebetszelle machen, in die wir uns von Zeit zu Zeit zurückziehen, um uns dort zart, demütig und liebevoll mit ihm zu unterhalten. Alle Menschen können solche vertraulichen Gespräche mit Gott führen, die einen mehr, die anderen weniger. Er weiß, was wir können. Fangen wir doch einfach an! Vielleicht erwartet Gott von uns nur einen großmütigen Entschluss. Habt guten Mut! Es bleibt uns nur noch wenig Zeit zu leben übrig. Sie sind beinahe vierundsechzig Jahre alt, und ich nähere mich dem achtzigsten Lebensjahr. Lasst uns mit Gott leben und sterben. Die Schmerzen werden uns süß und lieblich sein, solange wir bei ihm sind. Die größten Freuden aber werden uns ohne ihn eine grausame Qual sein. Er sei für alles gepriesen! Amen.

Gewöhnen Sie sich also ganz allmählich daran, ihn auf diese Weise anzubeten, ihn um seine Gnade zu bitten, ihm Ihr Herz als Opfer darzubringen, immer wieder, den ganzen Tag hindurch, bei Ihrer Arbeit und zu jeder Zeit, so oft Sie können. Zwingen Sie sich nicht durch Regeln und besondere Andachtsformen. Tun Sie es im Glauben, mit Liebe und mit Demut. Sie können Herrn und Frau von N. sowie Fräulein N. meines armen Gebets für sie versichern, und dass ich ihr Diener bin, ganz besonders aber auch Ihr Diener in unserem Herrn, Bruder …

Fünfter Brief

An einen Ordensbruder

Mein ehrwürdiger Vater!
In den Büchern finde ich meine Lebensweise nicht. Das bekümmert mich eigentlich auch nicht. Trotzdem wäre es mir lieb, Ihre Meinung über meine Art zu hören, damit ich meines Weges um so gewisser bin.

Vor einigen Tagen sagte mir ein frommer Mensch in einem besonderen Gespräch, das geistliche Leben sei ein Leben der Gnade. Es beginne in knechtischer Furcht; danach wachse es durch die Hoffnung auf das ewige Leben, und schließlich vollende es sich in reiner Liebe. Dabei gebe es verschiedene Stufen, durch die man schließlich zu dieser glücklichen Vollendung gelange.

Allen diesen Methoden und Ordnungen bin ich nicht gefolgt. Sie haben mir vielmehr von Anfang an (ich weiß nicht, auf welche Weise) Angst gemacht. Darum habe ich bei meinem Eintritt ins Kloster den Vorsatz gefasst, mich zur Genugtuung für meine Sünden ganz Gott hinzugeben und um seiner Liebe willen allem abzusagen, was nicht Gott ist.

In den ersten Jahren beschäftigte ich mich in meinem Gebet mit Gedanken an den Tod, das Gericht, die Hölle, das Paradies und an meine Sünden. Dies habe ich einige Jahre lang so gehalten. Die übrige Zeit des Tages, auch bei meiner Arbeit, habe ich mich sorgfältig auf die Gegenwart Gottes konzentriert, indem ich Gott als den, der mir allezeit nahe und im Grunde meiner Seele gegenwärtig ist, betrachtete. Dadurch empfing ich eine solche Hochschätzung Gottes, dass einzig der Glaube geeignet war, mich zufrieden zu machen.

Das gleiche tat ich unmerklich in meinem Gebet, was mir große Annehmlichkeiten und Tröstungen bereitete. Sehen Sie, so habe ich angefangen. Ich will Ihnen jedoch auch sagen, dass ich in den ersten zehn Jahren viel durchgemacht habe. Meine Einsicht, Gott nicht so zu gehören, wie ich es eigentlich wollte, meine Sünden, die mir immer vor Augen waren, und im Gegensatz hierzu die großen Gnadengaben, die Gott mir schenkte, waren Ursache und Ursprung aller meiner Leiden. In dieser ganzen Zeit kam ich oft zu Fall, stand aber immer gleich wieder auf. Mir kam es so vor, als seien die Geschöpfe Gottes, die Vernunft, ja, Gott selbst gegen mich, und nur der Glaube stünde auf meiner Seite. Manchmal beunruhigte mich der Gedanke, es sei eine Folge meiner Vermessenheit, dass ich in kürzester Zeit dort sein wollte, wohin andere nur mit Mühe gelangen. Auf der anderen Seite aber meinte ich, ich sei ganz bestimmt verdammt, und für mich sei keine Seligkeit zu hoffen.

Doch als ich bloß noch daran dachte, ich müsse meine Tage in dieser Verwirrung und Unruhe zu Ende bringen (was freilich meinem Vertrauen zu Gott nichts genommen hatte und nur dazu diente, meinen Glauben zu vermehren), da fand ich mich plötzlich verändert. Meine Seele, die bis dahin stets in Unruhe war, befand sich nun in einem tiefen inneren Frieden, als ob sie an ihrem Zentrum und Ruheort wäre.

Seitdem tue ich meine Arbeit einfältig vor Gott, im Glauben, mit Demut und Liebe. Ich bemühe mich sorgfältig, nichts zu tun, zu reden und zu denken, was ihm missfallen könnte. Ich hoffe, er wird aus mir machen, was ihm gefällt, wenn ich tue, was ich kann.

Was jetzt in mir vorgeht, kann ich nicht ausdrücken. Ich empfinde über meinen Zustand keine Sorge oder Zweifel. Ich habe keinen anderen Willen als den Willen Gottes, um dessen Erfüllung ich mich in allen Dingen bemühe. Ihm bin ich so ergeben, dass ich keinen Strohhalm gegen seinen Befehl oder aus einem anderen Impuls als dem einer reinen Liebe zu ihm von der Erde aufheben wollte.

Alle Andachten und Gebete, zu denen ich nicht verpflichtet bin, habe ich aufgegeben. Ich beschäftige mich nur noch damit, dass ich mich stets in seiner heiligen Gegenwart halte. In ihr verharre ich durch ein einfältiges Aufmerken und ein ständiges liebevolles Aufsehen auf Gott. Dies könnte ich als »tatsächliche« (aktuelle) Gegenwart Gottes bezeichnen, oder, besser gesagt, ein stilles, heimliches Gespräch der Seele mit Gott, das fast gar nicht mehr aufhört. Daraus entsteht mir manchmal eine so große innere, oft auch äußere Freude und Vergnügen, dass ich gezwungen bin, sie zu zügeln und zu unterdrücken, damit sie nicht nach außen zu Tage tritt. So muss ich nach außen hin manche kindlichen Späße machen, die eher nach Torheit als nach Andacht aussehen.

Schließlich, ehrwürdiger Vater, kann ich keineswegs daran zweifeln, dass meine Seele seit mehr als dreißig Jahren bei Gott ist. Ich übergehe vieles, um Sie nicht zu ermüden. Doch halte ich es für nützlich, Ihnen anzuzeigen, wie ich mich selbst einschätze vor Gott, den ich als meinen König ansehe.

Ich sehe in mir den elendesten unter allen Menschen, von Wunden zerfressen, übelriechend, der gegen seinen König viel Schlechtes begangen hat. Von empfindlichem Schmerz betroffen, bekenne ich ihm alle meine Bosheiten und bitte ihn um Vergebung. Ich lege mich in seine Hände, damit er mit mir macht, was ihm gefällt.

Dieser König ist voll Güte und Barmherzigkeit. Er straft mich überhaupt nicht, sondern umarmt mich liebevoll, speist mich an seiner Tafel, dient mir mit seinen eigenen Händen. Er gibt mir die Schlüssel zu seinen Schätzen und behandelt mich überall wie seinen besten Freund. Ununterbrochen spricht er mit mir und amüsiert sich mit mir auf tausend und abertausend Weisen. Er spricht nicht über das, was er mir einmal verziehen hat, und lässt mir meine alten Gewohnheiten, obwohl ich ihn doch darum bitte, er möge mich nach seinem Herzen formen. So sehe ich mich von Tag zu Tag schwächer und elender und trotzdem von Gott immer noch mehr liebkost. Sehen Sie also, wie ich mich von Zeit zu Zeit in seiner liebevollen Gegenwart betrachte!

Meine gewöhnlichste Methode ist diese einfache Aufmerksamkeit und das allgemeine, liebevolle Aufsehen auf Gott. Darin empfinde ich oft mehr Annehmlichkeiten und Vergnügen als ein Kind an der Brust seiner Mutter. Darum nenne ich diesen Zustand auch gerne – wenn ich es einmal so sagen darf – die »Mutterbrüste Gottes«, wegen der unbeschreiblichen Süßigkeit, die ich da schmecke und erfahre.

Wenn ich mich manchmal aus Not oder aus Schwachheit davon abwende, werde ich bald durch so charmante und angenehme innere Regungen wieder zurückgerufen, dass ich mich schäme, davon zu reden. Ich bitte Sie, ehrwürdiger Vater, dass Sie mehr auf mein großes Elend sehen wollen, über das Sie ja genau Bescheid wissen, als auf die großen Gnadenerweise, mit denen Gott mich beschenkt, mich, der ich doch ganz unwürdig und undankbar bin.

Meine Gebetszeiten sind nichts anderes als eine Fortsetzung dieser Übung. Manchmal betrachte ich mich dann so, als sei ich ein Stein, den der Bildhauer vor sich hat, um ein Bild daraus zu machen. So stelle ich mich vor Gott und bitte ihn, er möge in meinem Inneren sein vollkommenes Bildnis formen und mich ihm ganz gleich machen.

Ein andermal, sobald ich mich in diese Blickrichtung wende, finde ich meinen Geist und meine Seele ohne jede Sorge und Mühsal zu Gott erhoben. Dann bleibt die Seele ganz fest an Gott hängen als in ihrer Mitte und an einem Ort der Ruhe.

Ich weiß, dass manche diesen Zustand für Müßiggang, Betrug und Selbstliebe halten. Ich bekenne, es ist ein heiliger Müßiggang und eine glückliche Selbstliebe, falls die Seele in diesem Zustand dazu in der Lage wäre. Denn es ist tatsächlich so: Wenn die Seele in dieser Ruhe ist, dann kann sie die unruhigen Tätigkeiten, die sie früher ausgeübt und auf die sie sich sonst zu stützen pflegte, nicht mehr ertragen. Diese würden ihr jetzt mehr schaden als helfen.

Indessen kann ich es nicht dulden, dass man es als Betrug bezeichnet, wenn die Seele, die dort Gott genießt, nichts anderes als ihn will. Sollte es wirklich ein Betrug in meinem Inneren sein, so muss er es ändern. Er mache mit mir, was ihm gefällt. Ich möchte nur ihn allein haben und ganz sein Eigentum sein. Ich bin Ihnen aber sehr zu Dank verpflichtet, wenn Sie mir hierzu Ihre Meinung schreiben, auf die ich immer großen Wert lege. Denn ich habe eine besondere Hochachtung für Euer Ehrwürden, und bin in unserem Herrn, ehrwürdiger Vater,

Ihr …

Sechster Brief

An eine Ordensschwester

Ehrwürdige und sehr geehrte Mutter!

An meiner Fürbitte für Sie, so schwach sie auch sein mag, soll es nicht fehlen. Ich habe sie Ihnen versprochen und ich will mein Wort halten. Wie glücklich wären wir, wenn wir den Schatz, von dem das Evangelium spricht, finden könnten! Alles andere würde uns wie nichts vorkommen. Dieser Schatz ist ohne Grenzen; je mehr man darin sucht, um so mehr Reichtümer findet man darin. Wir wollen diesen Schatz unaufhörlich suchen und nicht müde werden, bis wir ihn gefunden haben.

Schließlich, ehrwürdige Mutter, ich weiß nicht, was aus mir werden wird. Es scheint, als käme mir der Friede und die Ruhe der Seele im Schlaf. Wenn ich etwas zu leiden habe, dann besteht mein Kummer darin, dass ich nichts zu leiden habe. Ich weiß nicht, was Gott für mich aufbewahrt hat. Ich bin in einer so tiefen Ruhe, dass ich nichts fürchte. Und was könnte ich befürchten, wenn ich bei ihm bin? Ich halte mich an ihn, so viel ich es kann. Er sei für alles gepriesen. Amen.

Siebter Brief

An eine Frau in besonderer Not

Paris, den 12. Oktober 1688

Geehrte Frau!

Wir haben einen unendlich guten Gott, der weiß, was wir brauchen. Ich hatte immer den Eindruck, er werde Sie noch irgendwann in die äußerste Not führen. Gott wird zu seiner Zeit kommen, dann, wenn Sie am wenigsten damit rechnen. Hoffen Sie auf ihn mehr als je zuvor. Danken Sie ihm mit mir für die Gnadenerweise, die er Ihnen schenkt, besonders für die Stärke und Geduld, die er Ihnen in Ihren Leiden gibt. Dies ist ein offenkundiges Zeichen für die Fürsorge, die er für Sie trägt. Trösten Sie sich dann mit Gott und danken Sie ihm für alles.

Ich bewundere die Stärke und den Mut von Herrn N. Gott hat ihm eine gute natürliche Wesensart und einen starken Willen gegeben. Es steckt aber noch etwas weltliche Art und viel Jugendliches in ihm. Ich hoffe, die Widerwärtigkeit, die Gott ihm geschickt hat, wird ihm als heilsame Arznei dienen und dazu helfen, dass er in sich geht. Es ist eine Gelegenheit, ihm nahezulegen, dass er all seine Zuversicht auf den setzt, der ihn überallhin begleitet. Daran muss er denken, so oft er nur kann, besonders in den größten Gefahren.

Eine kleine Herzenserhebung ist genug, ein kurzes Andenken an Gott, eine innere Anbetung; selbst wenn man mit dem Degen in der Faust läuft, sind das zwar kurze, aber Gott sehr angenehme Gebete. Sie stärken den

Mut in den gefährlichsten Situationen bei denen, die in Kriegsdiensten stehen. Dann soll er sich daran erinnern, soviel er kann. Er gewöhne sich nach und nach an diese kleine, aber heilige Übung.

Kein Mensch sieht etwas davon. Nichts ist leichter, als diese kleinen inneren Worte der Anbetung im Laufe des Tages zu wiederholen. Empfehlen Sie ihm, wenn es Ihnen beliebt, diese einfache Art der Anbetung, damit er sich auf diese Weise an Gott erinnert, so oft er kann. Diese Übung ist höchst angemessen und notwendig für einen Soldaten, der ja täglich in Lebensgefahr steht und oft auch riskiert, seine Seligkeit zu verlieren. Ich hoffe, Gott wird ihm und dem ganzen Haus, das ich grüße, beistehen.

Ich bin Ihr sehr ergebener ...

Achter Brief

An eine Ordensschwester

Meine ehrwürdige und hochgeehrte Mutter!
Sie schreiben mir nichts Neues. Sie sind nicht die Einzige, die von zerstreuten Gedanken beunruhigt wird. Unser Verstand ist äußerst flüchtig. Weil aber der Wille über alle unsere Kräfte herrscht, soll er den Verstand zurückrufen und zu Gott als seinem letzten Ziel bringen.

Wenn der Verstand nicht gleich am Anfang auf den rechten Weg gebracht ist und sich an Verwirrung und Zerstreuung gewöhnt hat, ist dies schwer zu überwinden. Wir werden dann gewöhnlich gegen unseren eigenen Willen zu irdischen Dingen hingezogen.

Ich glaube, es gibt ein Mittel gegen diese Not: dass man vor Gott seine Fehler bekennt und sich vor ihm demütigt. Ich rate Ihnen, dass Sie im Gebet nicht viele Worte machen. Lange Reden sind oft Anlass zu Ausschweifungen. Betrachten Sie sich im Gebet wie ein armer Stummer und Gichtbrüchiger vor der Tür eines Reichen. Bemühen Sie sich, Ihren Verstand in der Gegenwart des Herrn zu halten. Wenn er sich manchmal auf und davon macht und sich verirrt, dann beunruhigen Sie sich nicht darüber. Solche Unruhe führt eher dazu, dass Sie den Verstand noch mehr zerstreuen, als ihn zu sammeln. Der Wille muss ihn wieder sammeln, und zwar auf ruhige Art. Wenn Sie in dieser Weise beharrlich sind, wird Gott sich über Sie erbarmen.

Ein Mittel, den Verstand zur Zeit des Gebets zu sammeln und in Ruhe zu halten, ist, dass wir ihm nicht gestatten, tagsüber zuviel auszuschweifen. Man muss ihn genau in der Gegenwart Gottes halten. Wenn Sie gewohnt sind, sich von Zeit zu Zeit daran zu erinnern, dann wird es leicht sein, im Gebet ruhig zu bleiben oder den Verstand wenigstens aus seiner Zerstreuung zurückzurufen.

Ich habe Ihnen in meinem letzten Brief ausführlicher von den Vorteilen geschrieben, die diese Übung der Gegenwart Gottes mit sich bringt. Wir wollen uns ernstlich damit beschäftigen und einer für den anderen beten. Ich bitte auch die Schwester N. und die ehrwürdige Mutter N. um ihre Fürbitte und bin in unserem Herrn

Ihr demütigster ...

Neunter Brief

An dieselbe Ordensschwester

Paris, den 28. März 1689

Ich sende Ihnen die Antwort auf das Schreiben, das ich
von unserer guten Schwester N. erhalten habe; machen Sie
sich die Mühe, ihr meinen Brief zu geben. Ich glaube, sie
ist voll guten Willens; aber sie möchte offenbar schneller
vorankommen als die Gnade. Man wird nicht im Schnellverfahren heilig. Ich empfehle sie Ihnen; wir wollen einer
dem anderen helfen mit unserem Rat und noch mehr
durch unser gutes Beispiel. Ich bin Ihnen zu Dank verpflichtet, wenn Sie mir von Zeit zu Zeit schreiben, wie es
ihr geht und ob sie voll Leidenschaft und gehorsam ist.

Wir wollen, geliebte Mutter, öfter daran denken, dass
unsere einzige Aufgabe in diesem Leben darin besteht,
Gott zu gefallen. Alles andere kann nur Torheit und Eitel-
keit sein. Wir haben mehr als vierzig Jahre im Klosterle-
ben zugebracht. Haben wir sie genutzt, um Gott zu lieben
und ihm zu dienen, der uns durch sein Erbarmen hierzu
berufen hat? Ich bin voll Scham und Schande, wenn ich
auf der einen Seite die großen Gnaden sehe, die Gott mir
erwiesen hat und die er mir auch weiterhin unaufhörlich schenkt, auf der anderen Seite aber wahrnehme, wie
schlecht ich mit ihnen umgegangen bin und wie wenig ich
auf dem Weg der Vollkommenheit vorangekommen bin.

Da er uns nun durch seine Barmherzigkeit noch ein
wenig Zeit gibt, wollen wir ernstlich anfangen, die verlorene Zeit aufzuholen. Wir wollen uns mit ungeteilter

Zuversicht wieder zu ihm, dem Vater der Güte, wenden, der jederzeit bereit ist, uns liebevoll aufzunehmen. Absagen wollen wir, geliebte Mutter, großmütig absagen wollen wir um seiner Liebe willen allem, was nicht er ist. Er ist doch noch unendlich mehr wert. Wir wollen ohne Unterlass an ihn denken und wollen auf ihn all unser Vertrauen setzen. Ich zweifle nicht daran, dass wir die Früchte davon bald schmecken werden. Wir werden den Überfluss seiner Gnadenerweise spüren, mit denen uns alles möglich ist und ohne die wir nichts anderes können als sündigen.

Die Gefahren und Klippen, deren das Leben so voll ist, können wir ohne den wirksamen und dauernden Beistand Gottes nicht vermeiden. Wir wollen ihn beständig darum bitten. Aber wie kann man ihn bitten, ohne beständig in seiner Nähe zu sein? Und wie kann man in seiner Nähe sein, ohne oft an ihn zu denken? Und wie kann man oft an ihn denken, ohne dass einem dies zur heiligen Gewohnheit wird?

Sie werden mir sagen, dass ich Ihnen immer das Gleiche sage. Es ist wahr: Ich kenne kein geeigneteres oder einfacheres Mittel als dieses. Und da ich selber kein anderes gebrauche, empfehle ich es auch allen Leuten. Erst muss man kennen, dann kann man lieben. Um aber Gott kennenzulernen, muss man oft an ihn denken, und wenn wir ihn lieben, dann werden wir auch oft an ihn denken. Denn unser Herz ist da, wo unser Schatz ist. So lassen Sie uns denn oft und mit guten Gedanken an ihn denken!

Ihr demütigster …

Zehnter Brief

An eine Frau

Paris, den 29. Oktober 1689

Der Entschluss, an Herrn von N. zu schreiben, ist mir schwergefallen. Ich tue es nur, weil Sie sowie Frau von N. es von mir verlangen. Machen Sie sich die Mühe, den Brief zu adressieren und an ihn weiterzuleiten. Ich bin sehr vergnügt über das Vertrauen, das Sie zu Gott haben. Ich wünsche, dass er dies Vertrauen immer mehr wachsen lässt. Zu einem so guten und getreuen Freund, der uns weder in dieser noch in jener Welt verlassen wird, können wir nie zuviel Vertrauen haben.

Wenn Herr von N. es versteht, dem Verlust, den er erlitten hat, etwas Gutes abzugewinnen, wenn er seine ganze Zuversicht auf Gott setzt, dann wird er ihm bald einen anderen, einen stärkeren und besser gesinnten Freund schenken. Er lenkt die Herzen, wie er will. Vielleicht hat Herr von N. sich zu sehr nach der Art der Natur und zu anhänglich an den gebunden, den er verloren hat. Wir sollen unsere Freunde lieben, aber ohne dabei die Liebe zu Gott zu schmälern. Sie soll ja an erster Stelle stehen.

Ich bitte Sie, denken Sie an das, was ich Ihnen empfohlen habe: dass Sie bei Tag und bei Nacht, bei allen Ihren Beschäftigungen, Andachten und sogar bei Ihren Vergnügungen oft an Gott denken. Er ist stets bei Ihnen und mit Ihnen; lassen Sie ihn nicht allein. Ist es nicht unhöflich, einen Freund, der Sie besucht, allein zu lassen? Warum wollen Sie sich dann von Gott entfernen und ihn allein lassen? Darum vergessen Sie ihn nicht! Denken Sie oft an ihn; beten Sie ihn ohne Unterlass an, leben Sie mit ihm und sterben Sie mit ihm. Das ist die schönste Beschäftigung eines Christen; mit einem Wort: Das ist unser Handwerk, und falls wir es nicht können, dann müssen wir es eben lernen. Ich will Ihnen dabei mit meinem Gebet helfen, und bin in unserem Herrn

Ihr …

Elfter Brief

An eine Ordensschwester

Paris, den 17. November 1690

Meine ehrwürdige und hochgeehrte Mutter!

Ich bitte Gott nicht darum, dass er Ihnen Ihre Schmerzen nimmt, sondern ich bitte ihn inständig, dass er Ihnen Kraft und Geduld gibt, Ihre Schmerzen so lange zu erdulden, wie es ihm gefällt. Trösten Sie sich mit dem, der Sie an dieses Kreuz geheftet hat; er wird Sie davon befreien, wenn er es für gut hält. Selig sind, die mit ihm leiden. Gewöhnen Sie sich daran, mit ihm zu leiden, und bitten Sie ihn um die Kräfte, alles zu ertragen, was er will, und zwar solange, wie er es für nötig hält.

Die Welt begreift diese Wahrheiten nicht, und ich wundere mich nicht darüber; es kommt daher, dass die Leute als Weltmenschen und nicht als Christen leiden. Sie sehen in den Krankheiten Plagen der Natur und nicht göttliche Gnadenerweise. Auf diese Weise finden sie darin lediglich etwas, was unserer Natur zuwider ist und ihr hart ankommt. Wer sie aber als etwas ansieht, das aus Gottes Hand kommt, wer sie als Auswirkungen seiner Barmherzigkeit betrachtet und als Mittel, die er zu unserer Seligkeit benutzt, schmeckt darin gewöhnlich große Süßigkeiten und spürbare Tröstungen.

Ich wünschte, Sie könnten mich davon überzeugen, dass Gott zur Zeit von Krankheit und Schwäche uns oft viel näher ist, als wenn wir uns einer vollkommenen Gesundheit erfreuen. Suchen Sie keinen anderen Arzt als ihn. Er allein will, soweit ich es begreifen kann, Sie gesund machen. Setzen Sie alle Ihre Zuversicht auf ihn! Sie werden die Wirkung bald sehen. Wir zögern diese Wirkung freilich oft hinaus, indem wir den Heilmitteln mehr vertrauen als Gott selbst.

Es ist egal, welche Arzneimittel Sie gebrauchen; sie werden nur so viel bewirken, wie Gott zulassen wird. Wenn die Schmerzen von Gott kommen, dann kann auch nur er sie heilen. Er lässt die Krankheiten unseres Leibes oft dazu dienen, dass wir von den Krankheiten unserer Seele genesen. Trösten Sie sich nur mit dem höchsten Arzt der Seele und des Leibes.

Ich ahne schon, dass Sie mir sagen werden: Sie haben es gut; Sie trinken und essen ja an der Tafel des Herrn. Sie haben Recht, aber was meinen Sie: Ist es für den größten Missetäter der Welt etwa ein geringer Schmerz, wenn er an der Tafel des Königs speist und von ihm eigenhändig bedient wird, aber keine Gewissheit hat, dass ihm seine Sünden vergeben sind? Ich glaube, er würde darüber großes Leid empfinden, ein Leid, das einzig die Zuversicht zur Güte des Herrn zu lindern vermag. Auch kann ich Ihnen versichern, dass meine mir jederzeit vor Augen stehenden Sünden sowie die Ungewissheit der Vergebung mich quälen, selbst wenn ich beim Trinken und Essen an der Königstafel noch so große Süßigkeiten schmecke. In Wahrheit ist mir dieser Schmerz allerdings angenehm.

Begnügen Sie sich mit dem Zustand, den Gott für Sie bestimmt hat. Es mag sein, dass Sie mich glücklich schätzen – trotzdem beneide ich Sie. Die Schmerzen und Leiden wären mir ein Paradies, wenn ich sie mit Gott erleiden würde. Die größten Erquickungen aber wären mir eine Hölle, wenn ich sie ohne ihn schmecken müsste. Alle meine Tröstungen würden darin bestehen, dass ich um seinetwillen etwas leide.

Es ist bald soweit, dass ich dahin gehe, wo ich Gott schauen, und das heißt: ihm Rechenschaft geben werde. Denn hätte ich Gott auch nur einen Augenblick lang gesehen, dann würden mir selbst höllische Schmerzen lieblich sein, und sollten sie auch bis ans Ende der Welt dauern. Was mich in diesem Leben tröstet, ist, dass ich Gott im Glauben schaue. Ich sehe ihn so, dass ich manchmal sagen könnte: »Ich glaube nicht mehr, sondern ich schaue bereits«. Ich erfahre, was der Glaube uns lehrt. In dieser Zuversicht und in dieser Übung des Glaubens will ich mit ihm leben und sterben.

Halten Sie sich also stets zu Gott; er ist die einzige Erquickung in Ihren Leiden. Ich will ihn bitten, dass er Ihnen nahe ist.

Ich grüße die ehrwürdige Mutter Priorin und bitte sie sowie die heilige Gemeinschaft und Sie um Ihre Fürbitte. Ich bin in unserem Herrn

Ihr …

Zwölfter Brief

An eine Ordensschwester

Ehrwürdige Mutter!

Sie haben ja mit so großem Eifer darum gebeten, dass ich Ihnen Auskunft gebe über die Art und Weise, die ich beachte, um die Erfahrung der Gegenwart Gottes zu machen, die unser Herr mir in seiner Barmherzigkeit bestimmt hat. So will ich Ihnen nicht verschweigen, dass ich dies nur ungern tue und nur unter der Bedingung, dass Sie meinen Brief keinem anderen zeigen. Denn wenn ich wüsste, dass Sie meinen Brief anderen zum Lesen geben, würde ich mich nicht zu einer Antwort entschließen, obwohl mir Ihre Vollkommenheit sehr am Herzen liegt. Sehen Sie nun hier, was ich Ihnen dazu sagen kann.

Ich habe in vielen Büchern verschiedene Wege gefunden, auf denen man zu Gott kommen kann, auch verschiedene Übungen des geistlichen Lebens. Aber ich habe gemerkt, dass dies alles eher dazu beiträgt, mein Gemüt zu verwirren, als dass es mir in meinem Verlangen und Suchen, ganz Gottes Eigentum zu werden, eine Hilfe wäre. So kam ich zu dem Entschluss, alles für alles zu geben. Darum habe ich, nachdem ich mich Gott zur Genugtuung für meine Sünden ganz ausgeliefert hatte, allem, was nicht er war, um seiner Liebe willen eine Absage erteilt. Ich begann so zu leben, als ob er und ich ganz allein auf der Welt wären. Manchmal betrachtete ich mich wie einen armen Verbrecher zu den Füßen seines Richters; zu anderer Zeit sah ich ihn in meinem Herzen als meinen Vater an, als meinen Gott. Ich betete ihn an, so oft ich konnte, und hielt meinen Geist in seiner heiligen Gegenwart. Ich habe ihn auch oft zurückgerufen, wenn ich merkte, dass er sich von Gott entfernt und zerstreut hatte. Ich habe bei dieser Übung große Mühe gehabt, aber ich habe sie allen Schwierigkeiten zum Trotz fortgesetzt, ohne mich davon stören oder beunruhigen zu lassen, wenn ich gegen meine Absicht zerstreut war. Ich beschäftigte mich hiermit im Tageslauf ebenso wie in den besonderen Zeiten des Gebets. Jederzeit, in jeder Stunde und in jedem Augenblick, ja, selbst wenn ich ganz viel zu tun hatte, verbannte und entfernte ich aus meinem Gemüt alles, was mir den Gedanken an Gott wegnehmen konnte.

Sehen Sie, meine ehrwürdige Mutter, dies ist seit meinem Eintritt in das Kloster meine Übung. Dabei habe ich sie nur mit viel Trägheit und Unvollkommenheit eingehalten. Trotzdem habe ich durch sie große Vorteile empfangen. Dabei weiß ich wohl, dass man diesen Gewinn der Barmherzigkeit und der Güte des Herrn zuschreiben muss. Wir können ja nichts ohne ihn, und ich kann noch weniger als andere. Wenn wir uns aber treu in seiner heiligen Gegenwart halten und ihn stets vor Augen haben, dann hindert uns dies daran, ihn zu beleidigen oder vielleicht etwas zu tun, was ihm missfällt. Vor allem aber gewinnen wir eine heilige Freiheit, ihn um die Gnadenerweise zu bitten, die wir brauchen. Schließlich werden diese regelmäßig wiederholten Äußerungen unseres Glaubens immer mehr zu unserem Besitz, und die Wahrnehmung der Gegenwart Gottes wird sozusagen zu unserer Natur. Danken Sie ihm, wenn es Ihnen recht ist, für seine große Güte, die er mir erwiesen hat. Ich kann seine Güte nicht genugsam bewundern, hat er doch diese großen Gnadengaben einem so elenden Sünder, wie ich es bin, erwiesen. Er sei für alles gepriesen. Amen! Ich bin in unserem Herrn

Ihr...

Dreizehnter Brief

An eine Ordensschwester

Paris, den 28. November 1690

Meine gute Mutter!

Wären wir mit der Übung der göttlichen Gegenwart
gut vertraut, dann würden uns alle körperlichen Krankheiten leicht vorkommen. Oftmals lässt Gott es zu, dass
wir ein wenig leiden, um unsere Seele zu reinigen und um
uns zu nötigen, dass wir bei ihm bleiben. Ich kann es nicht
begreifen, dass eine Seele, die mit Gott verbunden ist und
die nichts haben möchte als ihn allein, Schmerzen empfinden kann. Ich habe genug Erfahrung damit, so dass ich
hieran nicht zweifle.

Fassen Sie Mut! Bringen Sie Gott ohne Unterlass Ihre
Schmerzen als ein Opfer dar. Bitten Sie ihn um die Kraft,
sie zu ertragen. Vor allem aber gewöhnen Sie sich daran,
sich oft mit ihm zu unterhalten, und vergessen Sie ihn
nicht, soweit es Ihnen möglich ist. Beten Sie ihn in Ihren
Schwächezuständen an und bringen Sie sie ihm von Zeit
zu Zeit als Opfer dar. Wenn Ihre Schmerzen am heftigs-
ten sind, dann bitten Sie ihn demütig und liebevoll wie
ein Kind seinen guten Vater darum, dass Sie mit seinem
heiligen Willen eins werden, und um seinen gnädigen
Beistand. Ich will Ihnen mit meiner armen und geringen
Fürbitte helfen.

Gott hat viele Mittel, uns zu sich zu ziehen. Er verbirgt
sich oft vor uns. Aber der Glaube allein, der uns im Fall
der Not nicht fehlen wird, soll unsere Stütze sein und das

Fundament unserer Zuversicht, das ganz in Gott gegründet sein muss.

Ich weiß nicht, was Gott mit mir machen wird. Ich werde immer mehr vergnügt. Alle Menschen leiden, und ich, der ich eigentlich harte Buße tun müsste, empfinde eine so beständige und so große Freude, dass ich Mühe habe, sie im Zaum zu halten.

Ich würde Gott gerne um einen Teil Ihrer Schmerzen bitten. Aber ich kenne meine Schwachheit. Sie ist so groß, dass ich das elendeste unter allen Geschöpfen wäre, würde er mich auch nur einen Augenblick mir selbst überlassen. Indessen kann ich mir nicht vorstellen, dass er mich allein lassen könnte, denn der Glaube bewirkt, dass ich ihn wie mit Fingern betasten kann. Er entfernt sich niemals von uns, solange wir uns nicht zuerst von ihm entfernen. Nehmen wir uns in Acht, dass wir uns nicht von ihm abkehren. Wir wollen ständig bei ihm sein, wollen mit ihm leben und sterben. Bitten Sie ihn für mich. Ich will ihn für Sie bitten.

Ihr ...

An dieselbe Ordensschwester

Meine gute Mutter!

Es schmerzt mich, dass ich Sie so lange leiden sehen muss. Doch wird das Mitleid, das ich mit Ihren Leiden habe, dadurch versüßt, dass ich davon überzeugt bin, dass es Prüfungen der Liebe sind, die Gott Ihnen zumutet. Sehen Sie Ihre Schmerzen so an, dann werden Sie sie leichter ertragen können. Ich meine, Sie sollten auf alle menschlichen Arzneimittel verzichten und sich ganz der weisen Absicht Gottes überlassen. Vielleicht wartet Gott ja auf nichts anderes als auf diese Überlassung und auf die ungeteilte Zuversicht, die Sie ihm entgegenbringen sollten, um Sie gesund zu machen. Die Mittel haben ja trotz aller Ihrer Vorsorge nicht die Wirkung, die sie eigentlich haben sollten. Die Krankheit nimmt zu. Dann heißt es auch nicht etwa Gott versuchen, wenn man sich in seine Hände begibt und alles von ihm erwartet.

Ich habe Ihnen schon in meinem letzten Brief gesagt, dass Gott es manchmal zulässt, dass unser Leib leidet, um so die Krankheiten unserer Seele zu heilen. Seien Sie tapfer! Machen Sie aus der Not eine Tugend! Bitten Sie Gott nicht um die Befreiung von den Schmerzen des Leibes, sondern um die Kraft, um seiner Liebe willen tapfer alles zu erdulden, was ihm gefällt, solange er es will.

Diese Gebete kommen unsere menschliche Natur zwar etwas hart an, Gott aber sind sie sehr angenehm, und süß sind sie für diejenigen, die ihn lieben. Die Liebe macht die Schmerzen süß, und wer Gott liebt, der leidet um seinetwillen mit Freude und mit Tapferkeit. Machen Sie es so, ich bitte Sie darum. Trösten Sie sich mit dem, der das einzige Heilmittel für Ihre Krankheit ist. Er ist der Vater der Leidenden. Zu jeder Zeit ist er bereit, uns beizustehen. Er liebt uns unendlich viel mehr, als wir denken. Also lieben Sie ihn; suchen Sie nur in ihm Erquickung. Ich hoffe, Sie werden sie bald erlangen. Gott befohlen! Ich will Ihnen mit meiner Fürbitte dabei helfen, mag sie auch noch so arm sein. Stets will ich in unserem Herrn sein

Ihr ...

Fünfzehnter Brief

An dieselbe Ordensschwester

Paris, den 22. Januar 1691

Meine sehr liebe Mutter!

Ich danke dem Herrn, dass er Ihnen Ihren Wunsch erfüllt und Sie ein wenig erquickt hat. Ich bin einige Male soweit gewesen, dass ich zu sterben meinte, obwohl ich doch noch nie so vergnügt war. Ich habe Gott auch nicht um eine Erquickung gebeten, sondern nur um die Kraft, mutig, demütig und liebevoll zu leiden. Fassen Sie Mut, meine sehr geliebte Mutter. Ach wie süß ist es, mit Gott zu leiden, ganz gleich, wie groß die Leiden sind. Nehmen Sie sie mit Liebe an; es ist ein Paradies, zu leiden und zur selben Zeit bei ihm zu sein. Wenn wir schon in diesem Leben den Frieden des Paradieses genießen wollen, dann müssen wir uns an ein vertrauliches, demütiges und liebevolles Gespräch mit Gott gewöhnen.

Wir müssen uns dagegen wehren, dass sich unser Geist aus irgendeinem Grund von ihm entfernt. Wir müssen aus unserem Herzen einen geistlichen Tempel für Gott machen, in dem wir ihn ohne Unterlass anbeten. Wir müssen unermüdlich über uns wachen, damit wir nichts tun, sagen oder denken, was ihm missfallen könnte. Sind wir auf diese Weise mit Gott beschäftigt, dann werden die Leiden für uns nichts anderes als Annehmlichkeiten, Balsam und Tröstungen sein.

Ich weiß, dass die ersten Schritte auf dem Weg zu diesem Zustand sehr schwer sind; dazu muss man ganz rein im Glauben handeln. Wir wissen aber auch, dass wir durch die Gnade des Herrn alles vermögen. Er wird sie denen, die ihn inständig darum bitten, nicht versagen. Klopfen Sie an seiner Tür an; klopfen Sie beharrlich an. Ich stehe Ihnen dafür ein, dass er Ihnen zu seiner Zeit die Türe öffnen wird, wenn Sie sich nicht entmutigen lassen. Er wird Ihnen mit einem Mal geben, worauf er Sie viele Jahre hat warten lassen. Ich befehle Sie Gott. Bitten Sie ihn für mich, wie ich es für Sie tue. Ich hoffe, ich werde ihn bald sehen. Ich bin ganz der Ihre in unserem Herrn …

Sechzehnter Brief

Diesen Brief schrieb Bruder Lorenz am Abend vor seiner letzten Erkrankung. Sechs Tage später ist er gestorben.

An dieselbe Ordensschwester

Paris, den 6. Februar 1691

Meine gute Mutter!

Gott weiß sehr wohl, was wir brauchen. Alles, was er tut, dient zu unserem Besten. Wenn wir wüssten, wie sehr er uns liebt, dann wären wir allezeit bereit, aus seiner Hand alles in gleicher Weise anzunehmen, das Süße wie das Bittere. Auch die verdrießlichsten und härtesten Erfahrungen wären uns süß und angenehm. Nur aus unserem gewohnten Blickwinkel scheinen uns die schwersten Leiden so unerträglich. Wenn wir aber davon überzeugt sind, dass es Gottes Hand ist, die mit uns handelt, dass er ein liebevoller Vater ist, der uns Erniedrigung, Schmerzen und Leiden schickt, dann ist solchen Zuständen alle Bitterkeit genommen; sie haben nur noch Süßigkeit.

Wir wollen uns ganz darauf konzentrieren, Gott zu erkennen. Je mehr wir ihn kennen, desto größer wird unser Verlangen, ihn zu kennen. Da aber das Maß der Liebe sich für gewöhnlich am Maß der Erkenntnis ausrichtet, wird auch die Liebe um so größer sein, je mehr Tiefe, Weite oder Breite die Erkenntnis hat. Ist die Liebe

94

groß, dann werden wir ihn im Leiden wie in Tröstungen in gleicher Weise und in gleicher Gesinnung lieben.

Wir wollen keine Zeit verlieren, indem wir Gott nur wegen seiner Gnadengaben suchen und lieben, der Gnadengaben – sie seien so hoch, wie sie wollen –, die er uns bereits geschenkt hat oder in Zukunft schenken wird. So groß diese Gunsterweisungen auch sein mögen, sie werden uns Gott nicht so nahe bringen, wie es der Glaube mit einer einfachen Tat tut. So wollen wir ihn oft durch diese Tugend suchen! Er ist in unserer Mitte; wir wollen ihn nicht anderswo suchen.

Es wäre doch unhöflich und wir verdienten Tadel, wenn wir uns mit tausend und abertausend Lappalien beschäftigen, die ihm missfallen und ihn vielleicht sogar beleidigen. Er duldet sie trotzdem; es ist aber zu befürchten, dass sie uns einmal teuer zu stehen kommen werden.

Wir wollen mit ganzem Ernst anfangen, Gottes Eigentum zu werden, und aus unserem Herzen und Gemüt alles das verbannen, was er nicht ist. Er will der Einzige sein. So wollen wir ihn um diese Gnade bitten. Tun wir unsererseits das, wozu wir in der Lage sind, dann werden wir bald die erhoffte Veränderung in uns sehen. Ich kann Gott nicht genug danken für die kleine Linderung, die er Ihnen geschenkt hat.

Ich erhoffe von seiner Barmherzigkeit die Gnade, ihn schon in wenigen Tagen zu sehen. Wir wollen füreinander beten. Ich bin in unserem Herrn

Ihr …

5

Kleine Schriften

Grundregeln des geistlichen Lebens

Alle Dinge sind möglich dem, der da glaubt; noch mehr aber dem, der hofft; noch mehr dem, der liebt; am meisten aber dem, der diese Tugenden alle drei übt und darin beständig beharrt.

Alle die getauft sind und im rechten Glauben stehen, haben den ersten Schritt auf dem Weg zur Vollkommenheit getan. Sie werden vollkommen sein, solange sie sich beharrlich in den folgenden Grundregeln üben:

In allem, was wir tun, sagen und vornehmen, müssen wir allein auf Gott und seine Ehre sehen. Das muss nämlich in allem unser Ziel sein, in diesem Leben so vollkommene Anbeter Gottes zu werden, wie wir dies in alle Ewigkeit zu sein hoffen. Dabei müssen wir uns fest vornehmen, alle Schwierigkeiten, die uns im geistlichen Leben begegnen mögen, mit Gottes Gnade zu überwinden.

Wenn wir ein geistliches Leben führen wollen, müssen wir gründlich betrachten, wer wir sind. Wir werden feststellen, dass wir nur Verachtung verdienen und eigentlich nicht würdig sind, uns Christen zu nennen. Wir sind allerlei Elend und unzähligen Zufällen unterworfen, die uns quälen und unbeständig machen in unserer Gesundheit, in unseren Stimmungen und in unserer äußeren und inneren Verfassung. Mit einem Wort: Wir sind Menschen, die Gott demütig machen möchte durch unzählige Unannehmlichkeiten und Leiden, innerlich wie äußerlich.

Wir müssen ohne Zweifel glauben, dass es für uns gut und für Gott angenehm ist, wenn wir ihm uns selbst zum Opfer darbringen. Seine göttliche Vorsehung führt uns gewöhnlich durch allerhand Zustände und Wege und verhängt allerlei Schmerzen, Elend und Versuchungen über uns um der Liebe Gottes willen, solange es ihm gefällt. Ohne diese Unterwerfung des Herzens und Gemüts unter den Willen Gottes kann nämlich keine Frömmigkeit und keine Vollkommenheit bestehen.

Je mehr jemand nach hoher Vollkommenheit strebt, um so mehr muss er in einer dauernden Abhängigkeit von der Gnade stehen, und um so mehr braucht er alle Augenblicke Gottes Beistand, denn ohne ihn vermag er nichts. Die Welt, die Natur und der Teufel verbünden sich gegen ihn und greifen ihn so hart und unaufhörlich an, dass er ohne diesen wirksamen Beistand und ohne diese demütige und notwendige Abhängigkeit von der Gnade auch gegen seinen Willen von Gott weggerissen werden würde. Das kommt der Natur zwar hart an, aber die Gnade findet darin ihr Vergnügen und ihre Ruhe.

D ie heiligste, gewöhnlichste und nötigste Übung
im geistlichen Leben ist die Wahrnehmung der
Gegenwart Gottes: dass man an ihr seine Lust
hat und sich an die Gemeinschaft mit Gott gewöhnt;
dass man demütig zu ihm spricht und sich mit liebevoller Zuneigung des Herzens mit ihm unterhält, und zwar
zu jeder Zeit, ja, in jedem Augenblick, ohne Regel und
ohne Maß, besonders aber zur Zeit der Versuchung, zur
Zeit von Schmerzen, der Dürre, des Überdrusses, ja, auch
mitten in unserer Untreue und Sünde.

Wir müssen uns jederzeit darum bemühen, dass alle
unsere Beschäftigungen ohne Unterschied kleine Gespräche mit Gott sind; aber nicht gekünstelt, sondern so, wie
sie aus der Reinheit und Einfalt des Herzens kommen.

Wir müssen alle unsere Werke mit Würde und mit Maß
tun, nicht ungestüm und übereilt. Ungestüm und Eile sind
ja Zeichen eines zerstreuten Gemüts. Wir müssen unsere
Arbeit mit Gott verrichten, zärtlich, ruhig und liebevoll,
und ihn bitten, dass er uns zu unserem Tun die Zustimmung gibt. Durch dieses stetige Aufsehen und Aufmerken
auf Gott werden wir der Schlange, dem Versucher, den
Kopf zertreten. So werden dem Teufel seine Waffen aus
den Händen fallen.

Wir müssen während unserer Arbeit und bei anderen
Beschäftigungen, auch beim Schreiben und Lesen (selbst
von geistlichen Inhalten), ja, sogar bei äußeren Andachtsübungen und mündlichen Gebeten, hin und wieder, so
oft wir nur können, einen ganz kleinen Augenblick innehalten, um Gott im Grunde unseres Herzens anzubeten
und ihn dort, wenn auch nur im Vorübergehen und ganz

heimlich, zu schmecken. Ihr wisst ja, dass Gott bei euren Beschäftigungen vor euch gegenwärtig und im Grund und im Mittelpunkt eurer Seele anwesend ist. Warum wollt ihr dann nicht, wenigstens von Zeit zu Zeit, bei euren äußeren Beschäftigungen, ja, auch bei euren mündlichen Gebeten, ein wenig stillehalten, um ihn in eurem Innern anzubeten, ihn zu loben, ihn anzurufen, ihm euer Herz als Opfer darzubringen, ihm zu danken?

Was kann Gott angenehmer sein, als dass wir so tausend- und abertausendmal den Tag über alle Geschöpfe verlassen, um in unser Inneres einzukehren und uns dahin zurückzuziehen und ihn dort anzubeten? Ganz nebenbei wird auf diese Weise die Eigenliebe ausgerottet. Sie kann ja nur bestehen, wenn wir uns an die Geschöpfe verlieren. Das häufige, wiederholte Einkehren zu Gott wird uns von dieser Abhängigkeit allmählich los und frei machen, ohne dass wir selber es merken.

Kurz, wir können Gott keine größeren Zeichen der Treue geben, als wenn wir tausend- und abertausendmal den Geschöpfen entsagen und sie gering achten, um für einen einzigen Augenblick den Schöpfer zu genießen.

Damit will ich euch nicht dazu verpflichten, dass ihr das Äußere für immer verlasst. Das ist ja auch gar nicht möglich. Doch die Klugheit, die Mutter der Tugenden, muss unsere Regel sein. Aber ich meine, es ist ein verbreiteter Irrtum bei geistlichen Personen, dass man nicht wenigstens hin und wieder das Äußerliche verlässt, um Gott inwendig in uns anzubeten und seine göttliche Gegenwart dort einige Augenblicke in Frieden zu genießen. Ich sehe, ich bin ein wenig von unserem Thema abgekommen. Aber es schien mir nötig, die Sache vollständig zu erklären. Wir wollen nun wieder auf unsere Übungen kommen.

Alle diese Anbetungen müssen im Glauben geschehen, nämlich dass wir glauben, dass Gott wahrhaftig in unserem Herzen gegenwärtig ist; dass wir ihn im Geist und in der Wahrheit anbeten und lieben und ihm dienen müssen; dass er alles sieht, was in uns und in allen Geschöpfen geschieht und geschehen wird; dass er selbst von nichts abhängig ist, alle Geschöpfe aber von ihm abhängig sind, und dass er in allem unendlich vollkommen ist. Wegen seiner unendlichen Hoheit und wegen seiner Herrschaft über alles ist er würdig, mit allem, was wir sind, und mit allem, was im Himmel und auf der Erde ist, zu schalten und zu walten nach seinem Wohlgefallen in Zeit und Ewigkeit, so dass wir von Rechts wegen alle unsere Gedanken, Worte und Werke ihm schuldig sind. So wollen wir denn sehen, ob wir sie ihm auch wirklich geben.

Wir müssen sorgfältig prüfen, welche Tugenden wir am nötigsten brauchen und welche am schwersten zu erlangen sind; weiter, in welche Sünden wir des öfteren fallen und bei welchen Gelegenheiten wir besonders oft und ohne es vermeiden zu können, zu Fall kommen. Mitten im Streit müssen wir mit tiefem innerlichen Vertrauen unsere Zuflucht zu Gott nehmen, in der Gegenwart seiner göttlichen Majestät fest standhalten, ihn demütig anbeten, ihm unser Elend und unsere Schwachheiten vorstellen, ihn mit liebevollem Herzen um den Beistand seiner Gnade bitten – dann werden wir in ihm alle Tugenden finden, ohne selber eine einzige zu besitzen.

Anbeten im Geist und in der Wahrheit

G ott im Geist und in der Wahrheit anbeten heißt zuerst, dass wir Gott so anbeten, wie er von uns angebetet werden muss. Gott ist Geist – also müssen wir ihn im Geist und in der Wahrheit anbeten. Das heißt, wir müssen ihn anbeten durch eine demütige und wahrhaftige Anbetung des Geistes, der im innersten Grund unserer Seele wohnt und ihre Mitte ist. Einzig Gott vermag diese Anbetung zu sehen. Wir können sie so oft wiederholen, dass sie uns schließlich zu etwas ganz Natürlichem wird, geradeso als sei Gott eins mit unserer Seele und unsere Seele eins mit Gott, wie man es in der Übung erfahren kann.

Gott in der Wahrheit anbeten, heißt, dass wir ihn erkennen als das, was er ist, und uns als das, was wir sind. Gott in der Wahrheit anbeten heißt, wahrhaftig, wirklich und im Geist erkennen, dass Gott ist, was er ist, nämlich unendlich vollkommen, unendlich anbetungswürdig, unendlich weit entfernt vom Bösen und unendlich in allen seinen göttlichen Eigenschaften. Welcher Mensch ist so unvernünftig, dass er nicht gerne alle seine Kräfte einsetzen wollte, um diesem großen Gott alle nur mögliche Ehrerbietung und Anbetung darzubringen?

Gott in der Wahrheit anbeten heißt ferner, zu bekennen, dass wir ganz anders sind als er, dass er uns aber gerne sich gleich machen möchte, wenn wir nur wollen. Wer wird so unvernünftig sein, dass er sich von der Ehrerbietung, der Liebe, dem Dienst und der Anbetung, die wir ihm unaufhörlich schuldig sind, auch nur für einen Augenblick entfernt?

D ie Vereinigung der Seele mit Gott kann unter verschiedenen Gesichtspunkten betrachtet werden.

1. Die Seele ist wesensmäßig mit Gott vereinigt durch die Gnade, solange sie im Stand der Gnade ist.

2. Die Seele ist virtuell mit Gott vereinigt kraft einer Tätigkeit, wenn sie eine solche beginnt und sich dadurch mit Gott vereinigt und folglich auf Grund dieser Tätigkeit solange mit Gott vereinigt bleibt, wie diese andauert.

3. Die dritte Vereinigung ist die wirkliche, die tatsächliche, und sie ist die vollkommenste. Sie ist zwar ganz geistlicher Natur, aber trotzdem kann man ihre Bewegung spürbar wahrnehmen. Hier befindet sich die Seele ja nicht in einer Art von Schlafzustand, wie bei den beiden zuerst genannten Arten der Vereinigung mit Gott, sondern sie ist stark erregt. Ihre Wirkung ist lebendiger als die des Feuers und heller als die Sonne, wenn keine Wolke sie bedeckt.

Trotzdem kann man sich auch bei dieser Empfindung täuschen; sie ist ja nicht ein bloßer Ausdruck des Herzens, wie wenn jemand sagt: »Mein Gott, ich liebe dich von ganzem Herzen«, oder andere ähnliche Worte. Es handelt sich um etwas, das ich schlecht mit Worten benennen kann. Es geht um eine Beschaffenheit der Seele, die dann zärtlich, ruhig, geistlich, ehrerbietig, demütig, liebevoll und ganz einfach ist. Dadurch wird die Seele veranlasst und gedrängt, Gott zu lieben, ihn anzubeten, ja, ihn sogar zu umarmen mit solch zarten Liebesbewegungen, die man nicht ausdrücken kann. Einzig die Erfahrung vermag sie zu begreifen.

Alle, die so mit Gott einswerden wollen, müssen prüfen, ob alles das, was den Willen erfreuen kann, ihm auch tatsächlich angenehm und erfreulich ist, oder ob sie es nur dafür halten.

Jeder muss zugestehen, dass Gott unbegreiflich ist. Um sich mit ihm zu vereinigen, muss man den Willen frei machen von allem Verlangen, das nur nach Wohlgeschmack und Spaß fragt, egal ob es um den Geist oder um den Leib geht. So wird man, von allen Dingen frei und losgelöst, Gott über alles lieben können. Denn wenn der Wille Gott einigermaßen ergreifen oder begreifen soll, dann kann das nur durch die Liebe geschehen. Es ist aber ein großer Unterschied zwischen dem, was dem Willen schmeckt und was er als angenehm empfindet, auf der einen und dem, was er bewirkt, auf der anderen Seite. Der Geschmack und das Fühlen des Willens sind und bleiben ja auf die Seele als ihrem Ziel beschränkt. Seine Wirkung aber, die Liebe, hat ihr Ziel in Gott.

Die Gegenwart Gottes

D
ie Übung der Gegenwart Gottes ist eine Hinwendung unseres Geistes zu Gott oder ein
Denken an den gegenwärtigen Gott, was entweder durch eine bildhafte Vorstellung oder durch den Verstand geschieht.

Ich kenne eine Person, die seit vierzig Jahren eine geis-
tige Erfahrung der Gegenwart Gottes übt. Dafür gebraucht
sie unterschiedliche Bezeichnungen. Bald bezeichnet
sie sie als ein einfaches Tun, bald als klare und präzise
Erkenntnis Gottes, bald als dunkle Schau, als verliebtes
Hinschauen zu Gott, ein Andenken Gottes, ein Aufmerken auf Gott, ein schweigendes Gespräch mit Gott, ein
Vertrauen auf Gott, das Leben und den Frieden der Seele.
Mit einem Wort: Sie sagt, dass alle diese Bezeichnungen
für die Gegenwart Gottes eigentlich eine einzige sind und
ein und dieselbe Sache meinen, und dass ihr diese Erfahrung der Gegenwart Gottes inzwischen zur Natur geworden ist, und zwar auf folgende Art:

Sie sagt, dass durch vielfältig wiederholte Übung und
dadurch, dass sie ihren Geist oft in die Gegenwart Gottes
zurückgerufen hat, sich bei ihr eine feste Gewohnheit
herausgebildet hat, nämlich dass, sobald sie von äußeren
Beschäftigungen frei ist und oft sogar, wenn sie gerade
sehr beschäftigt ist, sich die Spitze ihres Geistes oder der
oberste Teil der Seele erhebt, ohne dass sie ihrerseits etwas
dazu tut. Dann verharrt sie gleichsam über allen Dingen
aufgehängt und unbeweglich festgemacht in Gott als
ihrem Mittelpunkt und Ruheort. So fühlt sie ihren Geist
fast immer in dieser Erhebung, verbunden mit dem Glauben, und damit lässt sie sich dann genügen. Dies nennt

sie die wirkliche Gegenwart Gottes, die alle anderen Arten (und noch mehr) in sich schließt. Auf diese Weise lebt sie nun so, als sei außer Gott und ihr sonst niemand in der Welt. Sie unterhält sich überall mit Gott, sie erbittet von ihm, was sie braucht, und erfreut sich unaufhörlich auf tausenderlei Weise an ihm.

Man sollte aber wissen, dass dieser Umgang mit Gott im Grund und Mittelpunkt der Seele geschieht. Da redet die Seele mit Gott von Herz zu Herz, und zwar allezeit in einem großen, tiefen Frieden, den die Seele in Gott genießt. Alles was draußen, also außerhalb dieses inwendigen Grundes geschieht, ist ihr nichts anderes als ein Strohfeuer, das ebenso schnell wieder ausgeht, wie es zu brennen beginnt, so dass ihr inwendiger Friede fast nie oder jedenfalls nur wenig dadurch gestört werden kann.

Um wieder zu unserem Thema der Gegenwart Gottes zu kommen, so sage ich, dass dies zärtliche, verliebte Anschauen Gottes unmerklich ein göttliches Feuer in der Seele anzündet. Dies entflammt sie so heiß in der Liebe Gottes, dass sie oft das eine oder andere äußerlich zur Hand nehmen muss, um die Glut zu mäßigen.

Ja, man müsste sich sehr verwundern, wenn man wüsste, was die Seele manchmal mit Gott redet. Gott hat an diesen Gesprächen anscheinend so große Lust, dass er der Seele alles gestattet, wenn sie nur innerlich in ihrem Grund stets bei ihm bleiben will. Und es ist so, als ob er befürchtete, sie könnte wieder zu den Geschöpfen zurückkehren; darum trägt er Sorge, ihr alles zu verschaffen, was sie nur irgend begehren kann. So findet sie oftmals in ihrem Inneren eine höchst liebliche, leckere Speise, die ganz nach ihrem Geschmack ist, obwohl sie nie danach verlangt oder sie sich auf irgendeine Weise beschafft hat. Ja, sie hat von ihrer Seite nicht das geringste dazu beigetragen, außer dass sie bloß ihre Zustimmung dazu gegeben hat.

So ist denn die Gegenwart Gottes das Leben und die Nahrung der Seele, die man wohl durch die Gnade Gottes erlangen kann. Die Mittel aber sollen im nächsten Abschnitt aufgezählt werden.

Die Gegenwart Gottes erlangen

D as erste Mittel ist eine große Reinheit des Lebens, wobei man aufmerksam darüber wacht, nichts zu tun, zu reden oder zu denken, was Gott missfallen könnte. Wenn aber doch etwas derartiges geschehen wäre, dann muss man ihn demütig um Vergebung bitten und darüber Buße tun.

Das zweite Mittel ist eine große Treue in der Übung der Gegenwart Gottes und des inwendigen Anschauens Gottes im Glauben. Dies hat allezeit auf eine zärtliche, demütige und liebevolle Weise zu geschehen, ohne dass man einer Verwirrung oder Unruhe in sich Raum gibt.

Man muss sich ernstlich darum bemühen, dass man keine Arbeit in Angriff nimmt, ohne zuvor dieses inwendige Anschauen Gottes zu üben, und wäre es nur für einen kurzen Moment. Dieses Anschauen Gottes soll dann auch die Verrichtungen von Zeit zu Zeit begleiten, und schließlich soll alles Tun auch hiermit enden. Und auch wenn viel Zeit und Mühe nötig ist, um diese Übung völlig zu beherrschen, so darf man doch auf keinen Fall den Mut sinken lassen, wenn die Übung misslingt. Die feste Gewohnheit wird nur unter Schmerzen in uns zuwege gebracht. Ist sie aber erst einmal da, dann wird alles mit Lust geschehen.

Ist es nicht selbstverständlich, dass das Herz, das ja als erstes in uns lebt und über alle anderen Glieder unseres Leibes herrscht, auch das erste und das letzte ist, wenn es darum geht, Gott zu lieben und anzubeten, und zwar am Anfang wie am Ende aller unserer geistlichen und leiblichen Verrichtungen und in allen Bereichen des Lebens? So müssen wir mit dem Herzen und im Herzen dieses kurze, inwendige Anschauen üben, doch – wie schon gesagt –

ohne Anstrengung und ohne Künstlichkeit, damit es uns um so leichter fällt.

Für diejenigen, die mit dieser Übung beginnen möchten, wird es nützlich sein, einige wenige Worte inwendig zu gebrauchen, zum Beispiel: »Mein Gott, ich bin ganz für dich da!« Oder: »Du Gott der Liebe, ich liebe dich mit meinem ganzen Herzen!« Oder: »Herr, mache mich nach deinem Herzen!«, oder auch andere Worte, wie sie die Liebe spontan hervorbringt. Aber sie müssen darauf achten, dass ihr Verstand sich nicht zerstreut oder zu den Geschöpfen zurückkehrt. Darum müssen sie den Verstand allein auf Gott ausgerichtet halten, damit er, wenn er sich durch den Willen wie mit Gewalt gedrungen sieht, endlich genötigt ist, bei Gott zu bleiben.

Diese Gegenwart Gottes verlangt zwar anfangs ein wenig Mühe, aber wenn sie treu geübt wird, dann bringt sie heimlich wunderbare Wirkungen in der Seele hervor. Sie bewirkt, dass die Gnadengaben Gottes sich reichlich über sie ergießen, und führt sie, ohne dass sie selbst es merkt, zu dem einfältigen Anschauen oder dem verliebten Betrachten des allgegenwärtigen Gottes. Dies ist dann die allerheiligste, die dauerhafteste, die allerleichteste und allerkräftigste Art des Gebets.

Achtet hierbei darauf, dass die Tötung der Abhängigkeit von Sinnesgenüssen vorausgesetzt und erforderlich ist, wenn es darum geht, diesen Zustand zu erreichen. Denn es ist unmöglich, dass eine Seele, die noch einige Lust und Liebe zu den Geschöpfen hat, diese göttliche Gegenwart vollkommen genießen könnte. Wer bei Gott sein will, muss unbedingt die Geschöpfe verlassen.

Die Früchte der Gegenwart Gottes

Der erste Nutzen, den die Seele von der Gegenwart Gottes empfängt, besteht darin, dass der Glaube dadurch in allen Lebenslagen, besonders in unseren Nöten, lebendiger und wirksamer wird. Wir werden ja auf diese Weise in allen Versuchungen sowie im unvermeidlichen Umgang mit den Geschöpfen den Beistand der Gnade Gottes mit Leichtigkeit empfangen. Denn die Seele, die auf diese Weise mit der Übung des Glaubens vertraut ist, sieht und fühlt Gott gegenwärtig einfach dadurch, dass sie an ihn denkt. So kann sie ihn leicht und kräftig anrufen, und so erlangt sie von ihm, was sie braucht. Man kann sagen, dass sie darin etwas hat, das mit dem Zustand der Seligen im Himmel ziemlich übereinstimmt. Je weiter sie fortschreitet, um so lebendiger wird ihr Glaube. Am Ende wird er so durchdringend, dass man fast sagen möchte: »Ich glaube nicht mehr, sondern ich schaue bereits und erfahre.«

Die Übung der Gegenwart Gottes stärkt uns in unserer Hoffnung. Unsere Hoffnung wächst in dem Maß, in dem unsere Erkenntnis wächst. Wie nun der Glaube durch diese heilige Übung mehr und mehr in die verborgenen Tiefen der Gottheit eindringt, so entdeckt er in Gott immer mehr und noch mehr eine Schönheit, die alle Schönheit nicht nur der Körper, die wir auf der Erde sehen, sondern auch die der allervollkommensten Seelen und der Engel unendlich übertrifft. So wächst unsere Hoffnung und wird immer kräftiger, und das große Gut, dessen Genuss sie erwartet und das sie in einem gewissen Maß bereits schmeckt, stärkt und sättigt sie.

Diese Übung bewirkt im Willen eine Verachtung der Geschöpfe und entzündet in ihm das Feuer der heiligen Liebe. Denn Gott, der einem verzehrenden Feuer gleicht, bei dem sich die Seele jederzeit befindet, macht in ihr alles zunichte, was ihm zuwider sein kann. Diese so vor Liebe brennende Seele kann nicht mehr anders leben als in der Gegenwart ihres Gottes. Diese Gegenwart drückt ihrem Herzen ein heiliges Brennen ein, einen heiligen Antrieb und ein gewaltiges Verlangen, Gott zu sehen, wie alle Geschöpfe ihn lieben und erkennen, wie sie ihm dienen und ihn anbeten. Durch die Gegenwart Gottes und durch dieses innerliche Anschauen wird die Seele so sehr mit Gott vertraut, dass sie beinah ihr ganzes Leben zubringt in unaufhörlichen Taten der Liebe, der Anbetung, der Reue, des Vertrauens, der Danksagung, der Aufopferung, des Bittens und aller höchst vortrefflichen Tugenden. Ja, manchmal wird sie selbst zu einem solchen Akt, der kein Ende nimmt, wenn die Seele sich zu jeder Zeit in der immerwährenden Übung dieser göttlichen Gegenwart befindet. Ich weiß allerdings sehr wohl, dass nur wenige Menschen bis zu dieser Stufe gelangen, und dass es eine Gnade ist, die Gott nur einigen wenigen auserwählten Seelen erweist. Dieses einfältige Anschauen ist ja nur eine Gabe seiner freigebigen Hand. Doch zum Trost derjenigen, die mit dieser heiligen Übung beginnen wollen, kann ich sagen, dass Gott die Gnade des unveränderlichen, einfältigen Anschauens gewöhnlich denen gibt, die sich dazu bereit und fähig machen. Gibt er diese Gnade aber nicht, dann kann man doch mit dem Beistand seiner gewöhnlichen Gnaden durch diese Übung der göttlichen Gegenwart wenigstens zu einer solchen Weise oder zu einem solchen Stand des Gebets gelangen, die diesem einfältigen Anschauen sehr nahekommt.

Klassiker der christlichen Spiritualität
Band 2

....

Von der Leichtigkeit, Gott zu finden
Das innere Gebet der Madame Guyon

Herausgegeben von Emmanuel Jungclaussen
ISBN 978-3-937896-84-7, 4. Auflage 2026
E-Book: ISBN 978-3-86256-799-7

„Das Gebet ist nichts anderes als die
Hinwendung des Herzens zu Gott."

Zu ihren Lebzeiten umstritten und verfolgt, hat **Jeanne-Marie Guyon** (1648–1717) eine geistliche Lehre des inneren Gebets entwickelt.

Angesichts der Kräfte unserer Welt zeigt Madame Guyon von Jesus Christus her einen Weg zur Mitte. Er ist befreiend, weil er nicht noch mehr Anstrengung und Leistung verlangt, sondern die eigene Aktivität zur Ruhe bringen will, um ein stilles Geschehenlassen von Gott her zu ermöglichen. Vielleicht ist diese Ermutigung heute aktueller denn je …

Diese Neuübersetzung macht einen spirituellen Schatz wieder zugänglich – für Menschen, die Jesus-Nachfolge ernst nehmen, Gott im Alltag finden möchten oder sich für die Geschichte der mystischen Spiritualität interessieren. Ein inspirierendes Buch für alle, die ihren Glauben vertiefen und neue Wege der inneren Freiheit entdecken wollen.

Klassiker der christlichen Spiritualität
Band 3

··

Gerhard Tersteegen
In Gottes Gegenwart
Gedanken zum geistlichen Leben
Herausgegeben von Thomas Baumann
ISBN 978-3-86256-012-7, 2011
E-Book: ISBN 978-3-86256-718-8

Auftanken, Kraft schöpfen, heil werden in Gottes Gegenwart. Frieden finden mitten in einer hektischen, unruhigen und unzufriedenen Welt.

Gerhard Tersteegen (1697–1769), der große evangelische Mystiker, lädt mit seinen Liedern und Gebeten, seinen Lebensbildern „heiliger Seelen" und seinen Übersetzungen (u. a. der Schriften von Bruder Lorenz von der Auferstehung) auch heute noch zu einem Leben in Gottes Gegenwart ein.

Dieser Band bietet – neben einer Einführung in Leben und Werk Tersteegens – eine Auswahl kleiner Schriften, die zu verschiedenen Gelegenheiten entstanden und bisher kaum bekannt sind: Perlen geistlicher Literatur.

„Das wahre inwendige Leben ist keine verdächtige oder neue Sache. Es ist der uralte wahre Gottesdienst, das christliche Leben in seiner Schönheit und eigentlichen Gestalt."

Gerhard Tersteegen, *Von der wahren Mystik*

Klassiker der christlichen Spiritualität
Band 4

....

Frank C. Laubach
In jeder Minute bist du da
Spielerisch Gottes Gegenwart entdecken
Mit einem Vorwort von Dallas Willard
Aus dem Englischen von Bernardin Schellenberger
ISBN 978-3-86256-031-8, 2. Auflage 2022
E-Book: ISBN 978-3-86256-720-1

Ist es möglich, Gott stets vor Augen zu haben? Frank Laubach entschloss sich zu dem Versuch, in jeder Minute mindestens eine Sekunde an Gott zu denken. So erwuchs tatsächlich eine stetige innere Konversation mit Gott. Und Laubach erlebte, wie sein Leben dadurch verändert wurde.

In den erstmals 1937 erschienenen Briefen Frank Laubachs an seinen Vater schildert er die eindrucksvollen Ergebnisse des Experiments, Augenblick um Augenblick aus der Kommunikation mit Gott zu leben. Die Briefe werden ergänzt von einem praktischen Leitfaden, den Laubach entwickelte, um anderen zu helfen, Gottes Gegenwart spielerisch zu entdecken.

Frank C. Laubach (1884–1970) ist in den USA aufgewachsen und war Missionar auf den Philippinen. Er gilt als „Apostel der Analphabeten", da er eine einzigartige pädagogische Methode entwickelte, mit deren Hilfe etwa 60 Millionen Menschen Lesen lernten.